Die Kunst der Dreiecksbeziehung: Navigieren durch Herz und Verstand

ALEXANDER ARMIN

INHALTSVERZEICHNIS

1
Einführung in die Dreiecksbeziehung

1.1 Die Protagonisten: Johanna, Simon und Clara

Die Dynamik zwischen Johanna, Simon und Clara bildet das Herzstück der Geschichte und ist entscheidend für das Verständnis ihrer komplexen Beziehung. Jeder Charakter bringt einzigartige Eigenschaften und Herausforderungen mit, die nicht nur ihre individuellen Persönlichkeiten widerspiegeln, sondern auch die Entwicklung der Dreiecksbeziehung maßgeblich beeinflussen.

Johanna ist eine erfolgreiche Architektin Anfang dreißig, deren Karriere von Ehrgeiz und Kreativität geprägt ist. Ihre Leidenschaft für Design spiegelt sich in ihrem Lebensstil wider; sie strebt stets nach Perfektion sowohl im Beruf als auch im Privatleben. Diese hohe Erwartungshaltung kann jedoch auch zu inneren Konflikten führen. Als sie Clara begegnet, wird sie mit neuen Emotionen konfrontiert, die ihr bisheriges Weltbild erschüttern. Die Begegnung mit Clara eröffnet Johanna neue Perspektiven auf Kunst und Liebe, doch gleichzeitig kämpft sie mit der Angst, ihre Rolle als Ehefrau zu verlieren.

Simon hingegen ist ein leidenschaftlicher Fotograf, dessen Sensibilität ihn zu einem tiefgründigen Beobachter macht. Seine Kunst ist eine Reflexion seiner innersten Gefühle und Gedanken. In der Beziehung zu Johanna hat er stets versucht, ein Gleichgewicht zwischen seinen eigenen Bedürfnissen und den Erwartungen seiner Frau zu finden. Mit Claras Ankunft wird Simons emotionale Welt auf den Kopf gestellt; er entdeckt eine Intensität in seinen Gefühlen, die ihm zuvor unbekannt war. Doch diese Entdeckung bringt auch Unsicherheiten mit sich – insbesondere wenn es um Eifersucht geht.

Clara schließlich ist eine temperamentvolle Malerin voller Energie und Kreativität. Sie verkörpert Freiheit und Unabhängigkeit, was sowohl anziehend als auch herausfordernd für Johanna und Simon ist. Ihre Fähigkeit, Emotionen durch Kunst auszudrücken, zieht beide in ihren Bann. Doch während Clara sich nach einer tiefen Verbindung sehnt, fühlt sie sich zunehmend zerrissen zwischen dem Wunsch nach individueller Freiheit und der Verantwortung gegenüber ihren beiden Partnern.

Diese drei Protagonisten stehen am Anfang einer emotionalen Reise voller Höhen und Tiefen. Ihre Interaktionen sind geprägt von Leidenschaft, Unsicherheit und dem Streben nach Balance in einer unkonventionellen Beziehungskonstellation.

1.2 Entstehung der Freundschaft

Die Entstehung von Freundschaften ist ein komplexer Prozess, der oft durch gemeinsame Erfahrungen, emotionale Bindungen und gegenseitige Unterstützung geprägt ist. In der Geschichte von Johanna, Simon und Clara wird deutlich, wie sich aus anfänglichen Begegnungen tiefere Beziehungen entwickeln können. Diese Dynamik ist nicht nur für die Charaktere selbst entscheidend, sondern auch für das Verständnis ihrer Dreiecksbeziehung.

Freundschaften entstehen häufig in sozialen Kontexten, in denen Individuen ähnliche Interessen oder Lebensumstände teilen. Bei Johanna und Clara zeigt sich dies besonders deutlich: Ihre erste Begegnung findet in einem kreativen Umfeld statt, wo beide Frauen ihre Leidenschaft für Kunst und Design ausleben können. Diese geteilte Begeisterung schafft eine sofortige Verbindung zwischen ihnen, die als Fundament für eine tiefere Freundschaft dient.

Ein weiterer wichtiger Aspekt der Freundschaftsentwicklung ist die emotionale Offenheit. Simon beispielsweise bringt seine Sensibilität in die Beziehung zu Clara ein, was es ihm ermöglicht, auf einer tieferen Ebene mit ihr zu kommunizieren. Diese Art des Austauschs fördert nicht nur das Vertrauen zwischen den Charakteren, sondern verstärkt auch ihre Bindungen zueinander. Emotionale Verletzlichkeit kann dabei als Katalysator wirken; sie ermutigt die Protagonisten dazu, ihre innersten Gedanken und Gefühle zu teilen.

Zusätzlich spielt die Zeit eine entscheidende Rolle bei der Entstehung von Freundschaften. Je mehr Zeit Johanna mit Clara verbringt, desto stärker wird ihre Verbindung. Sie entdecken Gemeinsamkeiten und Unterschiede, die ihre Beziehung bereichern und gleichzeitig Herausforderungen mit sich bringen können. Die Balance zwischen Nähe und individueller Freiheit wird zum zentralen Thema ihrer Interaktion.

Schließlich sind Konflikte ein unvermeidlicher Bestandteil jeder Freundschaft. In der Geschichte werden Missverständnisse und Eifersucht zwischen den Protagonisten sichtbar – insbesondere wenn es um Simon geht. Solche Spannungen können sowohl destruktiv als auch konstruktiv sein; sie bieten Gelegenheiten zur Klärung von Gefühlen und zur Stärkung der Bindungen durch gemeinsame Bewältigung von Schwierigkeiten.

Insgesamt zeigt die Entwicklung der Freundschaft zwischen Johanna, Simon und Clara auf eindrucksvolle Weise, wie vielschichtig menschliche Beziehungen sind und welche Faktoren deren Entstehung beeinflussen können.

1.3 Erste Anzeichen von Anziehung

Die ersten Anzeichen von Anziehung sind oft subtil, aber sie spielen eine entscheidende Rolle in der Entwicklung zwischenmenschlicher Beziehungen. In der Geschichte von Johanna, Simon und Clara wird deutlich, wie diese frühen Signale die Dynamik ihrer Dreiecksbeziehung beeinflussen können. Diese Anzeichen sind nicht nur für die Protagonisten selbst wichtig, sondern auch für das Verständnis des Lesers über die Komplexität menschlicher Emotionen.

Ein häufiges erstes Zeichen von Anziehung ist die Körperhaltung. Wenn sich Menschen zueinander hingezogen fühlen, neigen sie dazu, sich körperlich näher zu kommen und ihre Körperhaltung zu öffnen. Bei Johanna und Simon zeigt sich dies beispielsweise in den Momenten, in denen sie gemeinsam an einem Tisch sitzen und ihre Beine unbewusst näher zusammenbringen. Solche nonverbalen Signale sind oft viel aussagekräftiger als Worte und können tiefere emotionale Verbindungen andeuten.

Ein weiteres wichtiges Indiz ist der Blickkontakt. Intensiver Blickkontakt kann sowohl ein Zeichen von Interesse als auch von Intimität sein. In einer Szene zwischen Clara und Simon wird deutlich, dass ihre Blicke länger verweilen als gewöhnlich; dies schafft eine Spannung, die sowohl aufregend als auch beunruhigend ist. Der Austausch von Blicken kann dabei helfen, unausgesprochene Gefühle zu kommunizieren und das Vertrauen zwischen den Charakteren zu stärken.

- **Berührungen:** Berührungen sind ein starkes Signal für Anziehung. Eine zufällige Berührung am Arm oder eine Umarmung kann viel über die Gefühle einer Person aussagen.
- **Lachen:** Gemeinsames Lachen fördert nicht nur die Verbindung zwischen Menschen, sondern signalisiert auch Freude an der Gesellschaft des anderen.
- **Gesprächsthemen:** Die Wahl der Gesprächsthemen kann ebenfalls auf Anziehung hinweisen; wenn Personen persönliche oder intime Themen ansprechen, zeigt dies oft ein höheres Maß an Vertrauen.

Zusammenfassend lässt sich sagen, dass die ersten Anzeichen von Anziehung vielfältig sind und in verschiedenen Formen auftreten können. Sie bilden das Fundament für tiefere emotionale Bindungen und prägen letztendlich den Verlauf der Beziehung zwischen Johanna, Simon und Clara erheblich.

2
Die Entscheidung für eine Dreierbeziehung

2.1 Offene Kommunikation als Grundlage

Offene Kommunikation ist das Herzstück jeder Beziehung, insbesondere in einer Dreierbeziehung, wo die Dynamik zwischen den Partnern komplexer und vielschichtiger ist. In der Geschichte von Johanna, Simon und Clara wird deutlich, dass die Fähigkeit, ehrlich über Gefühle, Ängste und Bedürfnisse zu sprechen, entscheidend für das Gelingen ihrer neuen Beziehungskonstellation ist. Diese Art der Kommunikation fördert nicht nur das Verständnis füreinander, sondern hilft auch dabei, Missverständnisse und Konflikte frühzeitig zu erkennen und anzugehen.

Ein zentraler Aspekt offener Kommunikation ist die Bereitschaft aller Beteiligten, ihre innersten Gedanken und Emotionen zu teilen. Dies erfordert Mut und Vertrauen. Johanna beispielsweise musste lernen, ihre Unsicherheiten bezüglich ihrer Rolle in der Beziehung offen auszusprechen. Simon hingegen musste seine Eifersucht thematisieren, um nicht in eine passive Rolle zu verfallen. Clara stand vor der Herausforderung, ihre eigenen Bedürfnisse nach Freiheit und Zugehörigkeit klar zu artikulieren.

- Die Schaffung eines sicheren Raums: Es ist wichtig, einen Raum zu schaffen, in dem sich alle Partner wohlfühlen und ohne Angst vor Verurteilung oder Ablehnung sprechen können.
- Regelmäßige Gespräche: Geplante Gespräche über die Beziehung können helfen, Themen anzusprechen, bevor sie zu größeren Problemen werden.
- Ehrlichkeit über Grenzen: Jeder Partner sollte seine persönlichen Grenzen klar definieren und kommunizieren können.

Ein weiterer wichtiger Punkt ist die aktive Zuhörfähigkeit. Offene Kommunikation bedeutet nicht nur Sprechen; es geht auch darum zuzuhören und die Perspektiven der anderen ernst zu nehmen. In der Dreierbeziehung von Johanna, Simon und Clara war es entscheidend für deren Entwicklung, dass sie lernten zuzuhören – sowohl den positiven als auch den herausfordernden Aspekten ihrer Beziehungen Beachtung schenkten.

Letztlich zeigt sich in dieser Konstellation: Offene Kommunikation ist kein einmaliges Ereignis; sie muss kontinuierlich gepflegt werden. Die Bereitschaft zur Reflexion über eigene Gefühle sowie zur Anpassung an neue Situationen stärkt nicht nur die Bindung untereinander sondern ermöglicht auch ein harmonisches Miteinander trotz der Herausforderungen einer Dreierbeziehung.

2.2 Emotionale Verbindungen vertiefen

Emotionale Verbindungen sind das Fundament jeder Beziehung, insbesondere in einer Dreierbeziehung, wo die Dynamik zwischen den Partnern oft komplexer ist. Die Vertiefung dieser Verbindungen erfordert nicht nur Zeit und Engagement, sondern auch ein tiefes Verständnis für die individuellen Bedürfnisse und Wünsche jedes Partners. In der Geschichte von Johanna, Simon und Clara wird deutlich, dass das bewusste Arbeiten an emotionalen Bindungen entscheidend für das Gelingen ihrer Beziehung ist.

Ein zentraler Aspekt zur Vertiefung emotionaler Verbindungen ist die gemeinsame Erlebnispflege. Gemeinsame Aktivitäten, sei es ein Wochenendausflug oder regelmäßige Spieleabende, fördern nicht nur den Spaß, sondern stärken auch das Gefühl der Zusammengehörigkeit. Diese Erlebnisse schaffen Erinnerungen, die als emotionale Anker fungieren können und helfen dabei, eine tiefere Verbindung zueinander aufzubauen.

Darüber hinaus spielt die Empathie eine wesentliche Rolle. Jeder Partner sollte sich bemühen, die Perspektiven und Gefühle der anderen zu verstehen. Dies kann durch aktives Zuhören geschehen – indem man nicht nur hört, was gesagt wird, sondern auch versucht zu fühlen, was der andere empfindet. Johanna beispielsweise lernte im Laufe ihrer Beziehung mit Simon und Clara, wie wichtig es ist, sich in deren Emotionen hineinzuversetzen und ihre eigenen Reaktionen darauf zu reflektieren.

Ein weiterer wichtiger Punkt ist die Anerkennung von Verletzlichkeit als Stärke. In einer Dreierbeziehung kann es herausfordernd sein, sich verletzlich zu zeigen; dennoch fördert dies Vertrauen und Intimität. Wenn alle Partner bereit sind, ihre Ängste und Unsicherheiten offen zu teilen – sei es über Eifersucht oder das Bedürfnis nach Bestätigung – entsteht ein Raum für tiefere emotionale Bindungen.

Letztlich zeigt sich: Die Vertiefung emotionaler Verbindungen erfordert kontinuierliche Anstrengungen aller Beteiligten. Regelmäßige Reflexion über persönliche Gefühle sowie das aktive Streben nach gemeinsamen Zielen stärken nicht nur die Bindung untereinander; sie ermöglichen auch ein harmonisches Miteinander trotz der Herausforderungen einer Dreierbeziehung.

2.3 Herausforderungen der neuen Dynamik

Die Entscheidung für eine Dreierbeziehung bringt nicht nur neue Möglichkeiten, sondern auch eine Vielzahl von Herausforderungen mit sich. Diese Herausforderungen sind oft tief in den emotionalen und sozialen Dynamiken verwurzelt, die zwischen den Partnern entstehen. Ein zentrales Problem ist die Eifersucht, die in einer solchen Beziehung intensiver ausgeprägt sein kann als in traditionellen Paarbeziehungen. Jeder Partner muss lernen, mit seinen eigenen Unsicherheiten umzugehen und gleichzeitig die Gefühle der anderen zu respektieren.

Ein weiterer Aspekt ist die Kommunikation. In einer Dreierbeziehung ist es entscheidend, offen über Bedürfnisse und Grenzen zu sprechen. Missverständnisse können schnell zu Konflikten führen, wenn nicht alle Beteiligten bereit sind, ihre Gedanken und Gefühle klar auszudrücken. Beispielsweise könnte ein Partner das Gefühl haben, dass seine Bedürfnisse im Vergleich zu den anderen vernachlässigt werden, was zu Spannungen führen kann.

Zusätzlich müssen alle Partner lernen, ihre Zeit gerecht aufzuteilen. Die Balance zwischen individuellen Bedürfnissen und gemeinsamen Aktivitäten ist oft schwierig zu finden. Wenn ein Partner mehr Zeit mit einem anderen verbringt oder besondere Vorlieben hat, kann dies bei den anderen Unbehagen hervorrufen. Es erfordert ständige Reflexion und Anpassung der Prioritäten aller Beteiligten.

Ein weiteres herausforderndes Element ist das soziale Umfeld. Freunde und Familie könnten Schwierigkeiten haben, die Dynamik einer Dreierbeziehung zu akzeptieren oder zu verstehen. Dies kann zusätzlichen Druck auf die Beziehung ausüben und dazu führen, dass sich Paare isoliert fühlen oder sich rechtfertigen müssen.

Letztlich erfordert das Navigieren durch diese Herausforderungen Geduld und Engagement von allen Beteiligten. Es ist wichtig, regelmäßig über Fortschritte und Schwierigkeiten zu reflektieren sowie gemeinsame Strategien zur Konfliktbewältigung zu entwickeln. Nur so kann eine harmonische Beziehung aufrechterhalten werden, trotz der Komplexität der neuen Dynamik.

3
Inspiration durch Kunst und Kreativität

3.1 Johannas neue Perspektiven

Johanna, als Architektin in der Blüte ihres Schaffens, erlebte durch die Begegnung mit Clara eine tiefgreifende Transformation ihrer kreativen Sichtweise. Die frische Energie und das unkonventionelle Denken der Malerin eröffneten Johanna neue Dimensionen des künstlerischen Ausdrucks, die sie zuvor nicht in Betracht gezogen hatte. Diese neue Perspektive war nicht nur auf ihre berufliche Laufbahn beschränkt, sondern beeinflusste auch ihr persönliches Leben und ihre Beziehungen.

Die Interaktionen mit Clara führten dazu, dass Johanna begann, ihre eigenen kreativen Grenzen zu hinterfragen. Sie entdeckte den Wert von Unordnung und Spontaneität in ihrem architektonischen Schaffen. Während sie zuvor stark auf Struktur und Funktionalität fokussiert war, ließ sie sich nun von Claras impulsivem Malstil inspirieren. Dies führte zu innovativen Entwürfen, die sowohl ästhetisch ansprechend als auch funktional waren.

Ein weiterer Aspekt dieser neuen Perspektive war Johannas Fähigkeit zur Selbstreflexion. Durch die Auseinandersetzung mit ihren Gefühlen für Clara erkannte sie, wie wichtig es ist, authentisch zu sein und sich selbst treu zu bleiben. Diese Erkenntnis half ihr nicht nur im kreativen Prozess, sondern auch in ihrer Beziehung zu Simon. Sie lernte, offen über ihre Bedürfnisse und Ängste zu kommunizieren, was letztlich das Vertrauen zwischen ihnen stärkte.

Die Herausforderungen der Dreierbeziehung führten dazu, dass Johanna ein tieferes Verständnis für zwischenmenschliche Dynamiken entwickelte. Sie erkannte die Bedeutung von Empathie und Kompromissbereitschaft – Fähigkeiten, die auch in ihrem Beruf von unschätzbarem Wert sind. Indem sie lernte, verschiedene Perspektiven einzunehmen und Konflikte konstruktiv anzugehen, konnte sie sowohl in ihrem persönlichen als auch in ihrem beruflichen Leben wachsen.

Zusammenfassend lässt sich sagen, dass Johannas neue Perspektiven durch Clara nicht nur ihre künstlerische Praxis bereicherten, sondern auch einen bedeutenden Einfluss auf ihr emotionales Wohlbefinden hatten. Diese Reise der Selbstentdeckung ermöglichte es ihr, eine Balance zwischen Kreativität und Beziehungspflege zu finden – ein Prozess voller Herausforderungen und Belohnungen.

3.2 Simons fotografische Entdeckungen

Simons fotografische Entdeckungen sind ein faszinierender Aspekt seiner kreativen Reise, der nicht nur seine Sicht auf die Welt verändert hat, sondern auch tiefere Einblicke in seine Emotionen und Beziehungen ermöglicht. Durch die Linse seiner Kamera begann Simon, die Schönheit im Alltäglichen zu erkennen und festzuhalten. Diese neue Perspektive half ihm, sowohl seine Umgebung als auch sich selbst besser zu verstehen.

Die Fotografie wurde für Simon zu einem Werkzeug der Selbstreflexion. Indem er Momente des Lebens einfing – sei es das Lächeln eines Fremden oder die sanften Farben eines Sonnenuntergangs – lernte er, die kleinen Dinge wertzuschätzen, die oft übersehen werden. Diese Achtsamkeit führte dazu, dass er bewusster mit seinen eigenen Gefühlen umging und eine tiefere Verbindung zu den Menschen um ihn herum aufbaute.

Ein besonders prägendes Erlebnis war ein Fotoprojekt, das Simon in einer alten Fabrik durchführte. Die verfallenen Wände und rostigen Maschinen erzählten Geschichten von Vergänglichkeit und Veränderung. Während er diese Szenen fotografierte, reflektierte er über seine eigene Lebenssituation und die Herausforderungen in seiner Beziehung zu Johanna und Clara. Die Bilder wurden nicht nur Ausdruck seiner künstlerischen Vision, sondern auch ein Spiegelbild seines inneren Kampfes.

- Die Wahl des Motivs: Simon begann bewusst mit der Auswahl von Motiven, die emotionale Resonanz hervorriefen.
- Technische Experimente: Er wagte sich an verschiedene Techniken wie Langzeitbelichtung und Schwarz-Weiß-Fotografie heran, um unterschiedliche Stimmungen einzufangen.
- Kreative Zusammenarbeit: Durch den Austausch mit anderen Fotografen entdeckte Simon neue Ansätze und Inspirationen für seine Arbeit.

Diese Erfahrungen führten dazu, dass Simon nicht nur als Fotograf wuchs, sondern auch als Mensch. Seine Fähigkeit zur Empathie wurde gestärkt; er lernte zuzuhören und andere Perspektiven zu schätzen. Letztlich trugen Simons fotografische Entdeckungen dazu bei, eine Brücke zwischen seiner Kunst und seinem emotionalen Leben zu schlagen – eine Verbindung, die sowohl herausfordernd als auch bereichernd war.

3.3 Claras Einfluss auf beide Partner

Clara spielt eine zentrale Rolle in der Dynamik zwischen Simon und Johanna, indem sie nicht nur als Individuum, sondern auch als Katalysator für Veränderungen in ihrer Beziehung fungiert. Ihr Einfluss ist vielschichtig und reicht von emotionaler Unterstützung bis hin zu kreativen Inspirationen, die beide Partner dazu anregen, ihre eigenen Grenzen zu hinterfragen und neue Perspektiven zu entwickeln.

Ein wesentlicher Aspekt von Claras Einfluss ist ihre Fähigkeit, Empathie und Verständnis zu fördern. Sie hat ein Gespür dafür, wenn Simon oder Johanna mit inneren Konflikten kämpfen. Durch offene Gespräche und aktives Zuhören schafft sie einen Raum, in dem beide Partner sich sicher fühlen können, ihre Ängste und Wünsche auszudrücken. Diese Art der Kommunikation stärkt nicht nur das Vertrauen untereinander, sondern ermöglicht es auch beiden, sich selbst besser kennenzulernen.

Darüber hinaus inspiriert Clara Simon durch ihre eigene kreative Ader. Ihre Leidenschaft für Kunst und Design regt ihn an, über seine fotografischen Projekte hinauszudenken. Sie ermutigt ihn dazu, neue Techniken auszuprobieren und verschiedene Themen zu erkunden. Diese kreative Zusammenarbeit führt dazu, dass Simon nicht nur als Fotograf wächst, sondern auch als Mensch – er lernt von Claras Herangehensweise an die Kunst und integriert diese in seine eigene Arbeit.

Johanna hingegen profitiert ebenfalls von Claras Präsenz. Die Interaktionen zwischen den drei schaffen eine Atmosphäre des Wachstums und der Selbstreflexion. Clara hilft Johanna dabei, ihre eigenen kreativen Ambitionen zu erkennen und zu verfolgen. Indem sie Johanna ermutigt, sich künstlerisch auszudrücken – sei es durch Malerei oder Schreiben – fördert sie deren Selbstvertrauen und stärkt die Bindung zwischen den beiden Frauen.

Insgesamt zeigt sich Claras Einfluss auf Simon und Johanna als ein dynamischer Prozess des gegenseitigen Lernens und Wachsens. Ihre Fähigkeit zur Empathie sowie ihr kreativer Antrieb wirken wie ein gemeinsames Band zwischen den Partnern, das sowohl Herausforderungen als auch Chancen für persönliche Entwicklung bietet. Letztlich wird deutlich, dass Clara nicht nur eine inspirierende Figur ist; sie ist ein entscheidender Bestandteil des emotionalen Gefüges dieser Beziehung.

4
Eifersucht und Unsicherheiten

4.1 Entstehung von Eifersucht bei Simon

Die Entstehung von Eifersucht bei Simon ist ein zentrales Element, das die Dynamik der Dreierbeziehung zwischen ihm, Johanna und Clara maßgeblich beeinflusst. Obwohl die Beziehung anfangs auf Offenheit und gegenseitigem Verständnis basierte, begannen sich bald Unsicherheiten und Ängste in Simons Innerem zu manifestieren. Diese Emotionen sind nicht nur individuelle Reaktionen, sondern auch tief verwurzelt in den sozialen und psychologischen Aspekten menschlicher Beziehungen.

Ein entscheidender Faktor für Simons Eifersucht war das Gefühl des Ausschlusses. Während Johanna und Clara oft intensive Momente miteinander teilten – sei es durch kreative Zusammenarbeit oder emotionale Gespräche – fühlte sich Simon zunehmend isoliert. Diese Wahrnehmung verstärkte seine Unsicherheiten über seinen Platz in der Beziehung. Er begann zu hinterfragen, ob seine Rolle als Partner an Bedeutung verlor, was zu einem inneren Konflikt führte: dem Wunsch nach Nähe und gleichzeitig der Angst vor Verlust.

Zusätzlich spielte die Vergleichbarkeit eine wesentliche Rolle in Simons emotionalem Zustand. Clara, mit ihrer sprühenden Energie und künstlerischen Begabung, stellte für ihn eine Art Bedrohung dar. Er fragte sich oft, ob er in den Augen seiner Partnerin weniger wertvoll war als Clara. Solche Vergleiche können verheerende Auswirkungen auf das Selbstwertgefühl haben und führen häufig dazu, dass man sich unzulänglich fühlt.

Die Kommunikation innerhalb der Dreierbeziehung war zwar offen, doch die Komplexität der Gefühle machte es schwierig, diese Themen direkt anzusprechen. Simon hatte Schwierigkeiten damit, seine Eifersucht zu artikulieren aus Angst vor Missverständnissen oder Ablehnung. Dies führte dazu, dass er seine Emotionen in sich hineinfrass und sie somit noch intensiver wurden.

Letztendlich wurde deutlich, dass die Auseinandersetzung mit diesen Gefühlen unerlässlich war für das Überleben ihrer Beziehung. Die Erkenntnis, dass Eifersucht ein natürlicher Bestandteil jeder Beziehung ist – insbesondere einer so komplexen wie dieser – half Simon dabei, einen konstruktiven Umgang mit seinen Emotionen zu finden. Durch ehrliche Gespräche konnten sie gemeinsam Strategien entwickeln, um ihre Bedürfnisse besser zu verstehen und Grenzen neu zu definieren.

4.2 Johannas innere Konflikte

Johannas innere Konflikte sind ein zentrales Element, das die Dynamik der Dreierbeziehung zwischen ihr, Simon und Clara prägt. Während sie anfangs von einer tiefen Verbundenheit und einem Gefühl der Freiheit in ihrer Beziehung geprägt war, begannen sich im Laufe der Zeit Unsicherheiten und Ängste in ihr zu manifestieren. Diese Emotionen sind nicht nur individuelle Herausforderungen, sondern spiegeln auch die Komplexität menschlicher Beziehungen wider.

Einer der Hauptkonflikte, mit denen Johanna konfrontiert ist, betrifft ihre Identität innerhalb dieser unkonventionellen Beziehung. Sie fühlt sich oft hin- und hergerissen zwischen dem Wunsch nach individueller Entfaltung und dem Bedürfnis nach emotionaler Nähe zu beiden Partnern. Diese Dualität führt dazu, dass sie sich manchmal als unzulänglich empfindet – als ob sie den Erwartungen beider Partner nicht gerecht werden kann. Die ständige Suche nach Balance zwischen Selbstverwirklichung und Beziehungsdynamik verstärkt ihre inneren Spannungen.

Ein weiterer Aspekt ihrer inneren Konflikte ist die Eifersucht, die sie gegenüber Clara empfindet. Obwohl Johanna versucht, diese Gefühle zu rationalisieren und als Teil des Beziehungsmodells zu akzeptieren, bleibt die Angst bestehen, dass Clara eine tiefere Verbindung zu Simon hat. Diese Unsicherheit führt dazu, dass Johanna beginnt, sich selbst mit Clara zu vergleichen – sowohl in Bezug auf persönliche Eigenschaften als auch auf kreative Fähigkeiten. Solche Vergleiche können das Selbstwertgefühl erheblich beeinträchtigen und führen häufig zu einem Gefühl der Unzulänglichkeit.

Die Kommunikation über diese Konflikte gestaltet sich für Johanna als herausfordernd. Sie hat Schwierigkeiten damit, ihre Ängste offen anzusprechen aus Angst vor Missverständnissen oder Ablehnung durch Simon oder Clara. Dies führt dazu, dass sie ihre Emotionen oft in sich hineinfrisst, was wiederum den Druck erhöht und ihre inneren Konflikte verstärkt.

4.3 Claras Zerrissenheit zwischen den beiden

Claras Zerrissenheit zwischen Simon und Johanna ist ein zentrales Element, das die Komplexität ihrer Beziehung verdeutlicht. Diese innere Konfliktsituation wird durch ihre tiefen emotionalen Bindungen zu beiden Partnern verstärkt, was sie in einen ständigen Zustand der Unsicherheit versetzt. Clara empfindet eine starke Anziehung zu Simon, die von einer intensiven Leidenschaft geprägt ist, während sie gleichzeitig eine tiefe Freundschaft und emotionale Nähe zu Johanna pflegt.

Die Herausforderung für Clara besteht darin, dass sie sich oft gezwungen sieht, ihre Gefühle zu priorisieren oder gar gegeneinander abzuwägen. Diese Zerrissenheit führt dazu, dass sie sich in einem emotionalen Dilemma befindet: Soll sie sich für die leidenschaftliche Verbindung mit Simon entscheiden oder die stabilere und vertraute Beziehung zu Johanna aufrechterhalten? Diese Fragen belasten ihr Gewissen und führen zu einem ständigen inneren Kampf.

Ein weiterer Aspekt ihrer Zerrissenheit ist das Gefühl der Schuld. Clara hat Angst, dass ihre Entscheidungen sowohl Simon als auch Johanna verletzen könnten. Diese Angst vor Ablehnung und Enttäuschung verstärkt ihre Unsicherheiten und lässt sie oft in einer Art emotionalem Stillstand verharren. Sie versucht verzweifelt, beiden Partnern gerecht zu werden, was jedoch häufig dazu führt, dass sie sich selbst verliert und ihre eigenen Bedürfnisse vernachlässigt.

Die Kommunikation über diese inneren Konflikte gestaltet sich für Clara als besonders schwierig. Sie befürchtet Missverständnisse oder negative Reaktionen von beiden Seiten und zieht es daher vor, ihre wahren Gefühle für sich zu behalten. Dies führt nicht nur zu einem Gefühl der Isolation, sondern auch dazu, dass wichtige Themen unausgesprochen bleiben – was letztlich die Dynamik der Dreierbeziehung weiter kompliziert.

Um aus dieser Zerrissenheit herauszukommen, könnte Clara lernen müssen, offener über ihre Emotionen zu sprechen und klare Grenzen zu setzen. Ein ehrlicher Dialog könnte helfen, Missverständnisse auszuräumen und ein besseres Verständnis füreinander zu entwickeln. Letztendlich hängt das Wohlbefinden aller Beteiligten davon ab, wie gut Clara in der Lage ist, ihre innere Zerrissenheit anzunehmen und konstruktiv damit umzugehen.

5
Der Kampf um Balance

5.1 Definition neuer Grenzen

Die Definition neuer Grenzen ist ein zentraler Aspekt in der Entwicklung von Beziehungen, insbesondere in komplexen Konstellationen wie einer Dreierbeziehung. In diesem Kontext wird deutlich, dass die ursprünglichen Vorstellungen von Partnerschaft und Intimität hinterfragt und neu gestaltet werden müssen. Johanna, Simon und Clara stehen vor der Herausforderung, ihre individuellen Bedürfnisse und Wünsche zu artikulieren, um ein harmonisches Miteinander zu gewährleisten.

Ein wichtiger Schritt in diesem Prozess ist die offene Kommunikation über persönliche Grenzen. Jeder Partner muss sich seiner eigenen Emotionen bewusst werden und diese klar ausdrücken. Dies erfordert Mut und Verletzlichkeit, da es oft mit Ängsten verbunden ist, abgelehnt oder missverstanden zu werden. Die Fähigkeit, ehrlich über Eifersucht oder Unsicherheiten zu sprechen, kann jedoch dazu beitragen, Missverständnisse auszuräumen und das Vertrauen untereinander zu stärken.

Darüber hinaus spielt die Schaffung von physischen und emotionalen Räumen eine entscheidende Rolle bei der Neudefinition von Grenzen. Johanna könnte beispielsweise einen Raum für kreative Entfaltung benötigen, während Simon mehr Zeit für seine fotografischen Projekte wünscht. Clara hingegen könnte den Wunsch nach ungebundener Freiheit verspüren. Indem sie diese Bedürfnisse anerkennen und respektieren, können sie individuelle Freiräume schaffen, ohne dass dies die gemeinsame Beziehung gefährdet.

- Offene Kommunikation: Der Austausch über Gefühle fördert das Verständnis füreinander.
- Individuelle Freiräume: Jeder Partner sollte Zeit für sich selbst haben dürfen.
- Respekt vor Bedürfnissen: Die Anerkennung der Wünsche des anderen stärkt die Bindung.

Letztlich zeigt sich in der Neudefinition ihrer Grenzen nicht nur eine Anpassung an die neuen Gegebenheiten ihrer Beziehung, sondern auch eine tiefere Auseinandersetzung mit dem eigenen Selbstverständnis als Partner. Diese Reise zur Balance zwischen individueller Freiheit und gemeinsamer Verantwortung wird nicht nur ihre Beziehung transformieren, sondern auch jeden Einzelnen auf persönlicher Ebene bereichern.

5.2 Bedürfnisse neu aushandeln

Die Neuaushandlung von Bedürfnissen ist ein essenzieller Prozess in jeder Beziehung, insbesondere in komplexen Konstellationen wie einer Dreierbeziehung. Hierbei geht es darum, die individuellen Wünsche und Anforderungen der Partner zu erkennen und in Einklang zu bringen. Johanna, Simon und Clara stehen vor der Herausforderung, ihre unterschiedlichen Bedürfnisse nicht nur zu artikulieren, sondern auch aktiv in den Beziehungsalltag zu integrieren.

Ein zentraler Aspekt dieses Prozesses ist die Bereitschaft zur Selbstreflexion. Jeder Partner muss sich darüber im Klaren sein, was er oder sie wirklich braucht – sei es emotionale Unterstützung, körperliche Nähe oder persönliche Freiräume. Diese Erkenntnis kann oft schmerzhaft sein, da sie tief verwurzelte Ängste und Unsicherheiten ans Licht bringt. Dennoch ist es wichtig, diese Bedürfnisse offen anzusprechen und nicht hinter einem Schleier von Erwartungen oder Annahmen zu verstecken.

Die Kommunikation spielt hierbei eine entscheidende Rolle. Es reicht nicht aus, nur seine eigenen Bedürfnisse zu äußern; ebenso wichtig ist das aktive Zuhören und das Verständnis für die Perspektiven der anderen Partner. Ein Beispiel könnte sein, dass Johanna mehr Zeit für kreative Projekte benötigt, während Simon sich nach mehr Intimität sehnt. Clara hingegen könnte den Wunsch nach Unabhängigkeit verspüren. Indem sie diese Wünsche respektieren und ernst nehmen, schaffen sie eine Atmosphäre des Vertrauens und der Offenheit.

Darüber hinaus sollten die Partner bereit sein, Kompromisse einzugehen. Dies bedeutet nicht zwangsläufig einen Verzicht auf eigene Bedürfnisse; vielmehr geht es darum, Lösungen zu finden, die allen gerecht werden. Ein gemeinsames Ritual oder regelmäßige Check-ins können helfen, um sicherzustellen, dass alle Stimmen gehört werden und Anpassungen vorgenommen werden können.

- Selbstreflexion: Erkennen eigener Bedürfnisse als ersten Schritt zur Aushandlung.
- Aktives Zuhören: Verständnis für die Perspektiven der anderen fördern Vertrauen.
- Kompromissbereitschaft: Lösungen finden, die allen Partnern gerecht werden.

Letztlich führt dieser Prozess nicht nur zu einer besseren Balance innerhalb der Beziehung, sondern auch zu einem tieferen Verständnis für sich selbst und die eigenen Wünsche. Die Neuaushandlung von Bedürfnissen wird somit zum Schlüssel für eine harmonische Partnerschaft.

5.3 Strategien zur Konfliktbewältigung

Die Fähigkeit, Konflikte konstruktiv zu bewältigen, ist entscheidend für das Gelingen jeder Beziehung, insbesondere in komplexen Konstellationen wie einer Dreierbeziehung. Strategien zur Konfliktbewältigung helfen den Partnern, Spannungen und Missverständnisse zu erkennen und produktiv anzugehen. Diese Strategien fördern nicht nur die Harmonie innerhalb der Beziehung, sondern stärken auch das individuelle Wachstum jedes Partners.

Ein zentraler Ansatz zur Konfliktbewältigung ist die Förderung einer offenen Kommunikationskultur. Hierbei sollten alle Beteiligten ermutigt werden, ihre Gedanken und Gefühle ohne Angst vor Verurteilung auszudrücken. Ein Beispiel könnte sein, regelmäßige Gespräche einzuführen, in denen jeder Partner seine Sichtweise darlegen kann. Solche Dialoge schaffen Raum für Verständnis und Empathie und ermöglichen es den Partnern, sich in die Lage des anderen hineinzuversetzen.

Ein weiterer wichtiger Aspekt ist die Anwendung von „Ich-Botschaften". Anstatt Vorwürfe zu formulieren oder Schuldzuweisungen zu machen, können Partner ihre eigenen Gefühle und Bedürfnisse klar kommunizieren. Beispielsweise könnte Johanna sagen: „Ich fühle mich überfordert, wenn ich nicht genügend Zeit für meine Projekte habe", anstatt Simon direkt zu beschuldigen, dass er ihre Zeit beansprucht. Diese Technik reduziert defensives Verhalten und fördert eine respektvolle Diskussion.

Kompromisse sind ebenfalls ein wesentlicher Bestandteil der Konfliktbewältigung. Es ist wichtig, dass alle Partner bereit sind, Zugeständnisse zu machen und Lösungen zu finden, die für alle akzeptabel sind. Dies kann durch kreative Problemlösungsansätze geschehen; zum Beispiel könnten sie einen wöchentlichen Plan erstellen, der sowohl Zeit für gemeinsame Aktivitäten als auch individuelle Freiräume berücksichtigt.

- Offene Kommunikation: Regelmäßige Gespräche fördern Verständnis und Empathie.
- Ich-Botschaften: Klare Ausdrucksweise der eigenen Gefühle verhindert Schuldzuweisungen.
- Kompromissbereitschaft: Kreative Lösungen finden durch Zugeständnisse aller Partner.

Letztlich tragen diese Strategien dazu bei, ein gesundes Beziehungsumfeld zu schaffen, in dem Konflikte nicht als Bedrohung wahrgenommen werden müssen, sondern als Chancen zur Weiterentwicklung und Vertiefung der zwischenmenschlichen Bindungen.

6
Schmerzliche Auseinandersetzungen

6.1 Höhepunkt der Spannungen

Der Höhepunkt der Spannungen in der Beziehung zwischen Johanna, Simon und Clara stellt einen entscheidenden Wendepunkt dar, an dem die Dynamik ihrer Dreierbeziehung auf die Probe gestellt wird. Diese Phase ist nicht nur von emotionalen Konflikten geprägt, sondern auch von einem tiefen Bedürfnis nach Klarheit und Verständnis. Die anfängliche Begeisterung und das Gefühl der Bereicherung weichen zunehmend einer komplexen Gemengelage aus Eifersucht, Unsicherheit und dem Streben nach individueller Identität.

Die Eifersucht, die sich zwischen Simon und Johanna entwickelt, ist ein zentrales Element dieser Spannungen. Simon fühlt sich ausgeschlossen, wenn er beobachtet, wie Johanna und Clara intime Momente teilen. Diese Beobachtungen führen zu einem inneren Kampf: Er fragt sich, ob seine Rolle als Partner an Bedeutung verliert. Gleichzeitig kämpft Johanna mit ihren eigenen Unsicherheiten; sie fragt sich, ob ihre Liebe zu Clara die Bindung zu Simon gefährdet. Diese Fragen sind nicht nur persönliche Ängste, sondern spiegeln auch die Herausforderungen wider, die mit polyamoren Beziehungen einhergehen.

Clara hingegen steht vor der Herausforderung, beiden Partnern gerecht zu werden. Ihre Leidenschaft für Kunst und Freiheit kollidiert mit den Erwartungen beider Partner an sie als Teil des Trios. Sie fühlt sich zerrissen zwischen ihrem Wunsch nach Unabhängigkeit und dem Bedürfnis nach emotionaler Nähe. Diese innere Zerrissenheit verstärkt die Spannungen weiter und führt zu Missverständnissen in der Kommunikation.

In den schmerzhaften Gesprächen während dieser kritischen Phase wird deutlich, dass alle drei Protagonisten bereit sind, ihre Bedürfnisse neu auszuhandeln. Es entsteht ein Bewusstsein dafür, dass klare Grenzen notwendig sind – sowohl für individuelle Freiräume als auch für gemeinsame Zeit. Die Erkenntnis, dass Eifersucht und Unsicherheit natürliche Bestandteile ihrer Beziehung sind, ermöglicht es ihnen schließlich, konstruktiv damit umzugehen.

Der Höhepunkt der Spannungen wird somit zum Katalysator für eine tiefere Auseinandersetzung mit ihren Gefühlen und Bedürfnissen. Durch diese schmerzhafte Phase lernen sie nicht nur viel über sich selbst, sondern auch über die Komplexität von Liebe in all ihren Facetten.

6.2 Bedeutung von ehrlichen Gesprächen

Ehrliche Gespräche sind das Fundament jeder gesunden Beziehung, insbesondere in komplexen Beziehungsstrukturen wie der zwischen Johanna, Simon und Clara. In Zeiten emotionaler Spannungen und Unsicherheiten wird die Notwendigkeit klarer und offener Kommunikation besonders deutlich. Diese Gespräche ermöglichen es den Beteiligten, ihre innersten Gedanken und Gefühle auszudrücken, was zu einem tieferen Verständnis füreinander führt.

Ein zentraler Aspekt ehrlicher Gespräche ist die Schaffung eines sicheren Raums, in dem alle Partner ihre Ängste und Wünsche ohne Angst vor Verurteilung äußern können. Dies fördert nicht nur das Vertrauen untereinander, sondern hilft auch dabei, Missverständnisse zu klären. Wenn Simon beispielsweise seine Eifersucht offen anspricht, kann Johanna ihm versichern, dass ihre Liebe zu Clara nicht bedeutet, dass er weniger wichtig ist. Solche Dialoge sind entscheidend für die emotionale Stabilität der Beziehung.

Darüber hinaus tragen ehrliche Gespräche zur Selbstreflexion bei. Indem jeder Partner seine eigenen Bedürfnisse artikuliert, wird er gezwungen, sich mit seinen eigenen Unsicherheiten auseinanderzusetzen. Clara könnte zum Beispiel erkennen, dass ihr Bedürfnis nach Unabhängigkeit nicht im Widerspruch zu ihrer Liebe zu Simon und Johanna steht. Stattdessen kann sie lernen, wie sie beide Aspekte ihres Lebens harmonisch integrieren kann.

- Ehrliche Kommunikation fördert das Vertrauen zwischen den Partnern.
- Sie ermöglicht es jedem Einzelnen, seine Bedürfnisse klar zu formulieren.
- Offene Gespräche helfen dabei, Missverständnisse frühzeitig auszuräumen.

Zusammenfassend lässt sich sagen, dass ehrliche Gespräche nicht nur Konflikte lösen können; sie sind auch ein Werkzeug zur Stärkung der Bindung zwischen den Partnern. In einer Zeit des Wandels und der Unsicherheit bieten sie eine Möglichkeit zur Neuorientierung und zum gemeinsamen Wachstum. Die Fähigkeit zur offenen Kommunikation ist somit unerlässlich für das Überwinden von Herausforderungen in polyamoren Beziehungen und trägt dazu bei, eine tiefere Verbindung zueinander aufzubauen.

6.3 Wege zur Versöhnung finden

Die Suche nach Versöhnung ist ein zentraler Aspekt in jeder Beziehung, insbesondere wenn Konflikte und Missverständnisse aufgetreten sind. In polyamoren Beziehungen, wie der zwischen Johanna, Simon und Clara, kann die Komplexität der Emotionen und Bindungen die Versöhnung erschweren. Dennoch gibt es verschiedene Wege, um diesen Prozess zu erleichtern und eine tiefere Verbindung wiederherzustellen.

Ein erster Schritt zur Versöhnung besteht darin, aktiv zuzuhören. Dies bedeutet nicht nur, die Worte des anderen zu hören, sondern auch deren Gefühle und Bedürfnisse zu verstehen. Wenn Simon beispielsweise seine Ängste bezüglich Johannas Beziehung zu Clara äußert, sollte Johanna ihm mit Empathie begegnen und versuchen, seine Perspektive nachzuvollziehen. Durch aktives Zuhören wird ein Gefühl von Wertschätzung geschaffen, das den Grundstein für eine erfolgreiche Versöhnung legt.

Ein weiterer wichtiger Aspekt ist die Bereitschaft zur Entschuldigung. Oftmals sind es kleine Missverständnisse oder unbedachte Worte, die große Wunden hinterlassen können. Eine aufrichtige Entschuldigung kann Wunder wirken; sie zeigt dem anderen Partner, dass man dessen Gefühle ernst nimmt und bereit ist, Verantwortung für das eigene Verhalten zu übernehmen. Clara könnte zum Beispiel erkennen, dass ihre Unabhängigkeit manchmal als Distanz interpretiert wurde und sich dafür entschuldigen.

Zusätzlich sollten gemeinsame Aktivitäten in Betracht gezogen werden, um positive Erlebnisse miteinander zu teilen. Diese Erlebnisse können helfen, alte Wunden zu heilen und neue Erinnerungen zu schaffen. Ob es sich um einen gemeinsamen Ausflug oder einfach um einen entspannten Abend handelt – solche Momente fördern das Gefühl der Zusammengehörigkeit und stärken die emotionale Bindung.

- Aktives Zuhören fördert das Verständnis füreinander.
- Ehrliche Entschuldigungen zeigen Verantwortungsbewusstsein.
- Gemeinsame Aktivitäten stärken die emotionale Verbindung.

Letztlich erfordert der Weg zur Versöhnung Geduld und Engagement von allen Beteiligten. Es ist wichtig anzuerkennen, dass Rückschläge Teil des Prozesses sein können. Mit einer offenen Haltung gegenüber den eigenen Gefühlen sowie den Bedürfnissen der Partner lässt sich jedoch eine tiefere Verbindung aufbauen und langfristige Harmonie erreichen.

7
Individuelle Räume schaffen

7.1 Notwendigkeit persönlicher Freiräume

Die Schaffung persönlicher Freiräume ist ein essenzieller Aspekt in jeder Beziehung, insbesondere in komplexen Beziehungsstrukturen wie einer Dreierbeziehung. Diese Freiräume ermöglichen es den Individuen, ihre eigenen Identitäten zu bewahren und sich selbst zu entfalten, was für das langfristige Wohlbefinden aller Beteiligten von entscheidender Bedeutung ist.

In der Geschichte von Johanna, Simon und Clara wird deutlich, dass die anfängliche Harmonie durch das Fehlen individueller Freiräume gefährdet wurde. Während sie anfangs von der gemeinsamen Zeit und den intensiven Erlebnissen profitierten, traten bald Eifersucht und Unsicherheiten auf. Die Notwendigkeit, persönliche Grenzen zu setzen und individuelle Bedürfnisse zu respektieren, wurde offensichtlich. Ohne diese Freiräume kann eine Beziehung schnell in ein Ungleichgewicht geraten, das sowohl emotionale als auch psychologische Belastungen mit sich bringt.

Persönliche Freiräume fördern nicht nur die Selbstreflexion, sondern auch die Kreativität und Inspiration innerhalb der Beziehung. Johanna fand beispielsweise neue künstlerische Impulse durch Claras Malerei, während Simon seine fotografischen Fähigkeiten weiterentwickeln konnte. Diese individuellen Entfaltungen bereicherten nicht nur ihr eigenes Leben, sondern auch die Dynamik ihrer gemeinsamen Zeit.

- **Selbstentfaltung:** Jeder Partner hat die Möglichkeit, eigene Interessen zu verfolgen und persönliche Ziele zu erreichen.
- **Emotionale Gesundheit:** Das Setzen von Grenzen hilft dabei, emotionale Überlastung zu vermeiden und fördert ein gesundes Miteinander.
- **Kreative Inspiration:** Individuelle Erfahrungen können neue Perspektiven eröffnen und die gemeinsame Zeit bereichern.

Letztlich zeigt sich, dass persönliche Freiräume nicht als Bedrohung für die Beziehung wahrgenommen werden sollten; vielmehr sind sie eine notwendige Voraussetzung für deren Stabilität und Wachstum. Indem Johanna, Simon und Clara lernten, ihre individuellen Bedürfnisse anzuerkennen und Raum dafür zu schaffen, konnten sie eine tiefere Verbindung zueinander entwickeln – eine Verbindung geprägt von Respekt für die Individualität jedes Einzelnen.

7.2 Gemeinsame Zeit gestalten

Die Gestaltung gemeinsamer Zeit ist ein zentraler Aspekt in jeder Beziehung, insbesondere in einer Dreierbeziehung wie der von Johanna, Simon und Clara. Diese gemeinsame Zeit bietet nicht nur die Möglichkeit, Erlebnisse zu teilen und Erinnerungen zu schaffen, sondern auch die Chance, die Bindung zwischen den Partnern zu vertiefen. Es ist wichtig, dass diese Zeit bewusst gestaltet wird, um sowohl individuelle als auch kollektive Bedürfnisse zu berücksichtigen.

Ein entscheidender Faktor bei der Gestaltung gemeinsamer Zeit ist die Balance zwischen Aktivität und Entspannung. Während aufregende Unternehmungen wie Reisen oder Abenteueraktivitäten das Gemeinschaftsgefühl stärken können, sind ruhige Momente des Beisammenseins ebenso wertvoll. Diese können beispielsweise durch gemeinsame Kochabende oder Filmnächte entstehen, bei denen alle Beteiligten ihre Vorlieben einbringen können. Solche Aktivitäten fördern nicht nur den Austausch von Interessen, sondern ermöglichen es auch jedem Partner, sich in einem geschützten Rahmen auszudrücken.

Darüber hinaus spielt die Kommunikation eine wesentliche Rolle bei der Gestaltung gemeinsamer Zeit. Offene Gespräche über Wünsche und Erwartungen helfen dabei, Missverständnisse zu vermeiden und sicherzustellen, dass alle Partner sich wohlfühlen. In der Geschichte von Johanna, Simon und Clara wurde deutlich, dass regelmäßige „Check-ins" – also kurze Gespräche über das Befinden und die Zufriedenheit innerhalb der Beziehung – dazu beitragen können, Spannungen abzubauen und das Verständnis füreinander zu fördern.

Ein weiterer wichtiger Aspekt ist die Schaffung von Ritualen oder Traditionen innerhalb der Beziehung. Ob wöchentliche Spieleabende oder monatliche Ausflüge – solche Rituale geben Struktur und Vorfreude auf gemeinsame Erlebnisse. Sie stärken nicht nur das Gefühl der Zugehörigkeit, sondern bieten auch einen Raum für neue Erfahrungen und Erinnerungen.

Letztlich zeigt sich: Die bewusste Gestaltung gemeinsamer Zeit erfordert Engagement von allen Beteiligten. Indem Johanna, Simon und Clara lernen, ihre gemeinsamen Erlebnisse aktiv zu planen und gleichzeitig Raum für individuelle Freiräume zu lassen, können sie eine harmonische Balance finden. Dies führt nicht nur zu einer stärkeren emotionalen Verbindung untereinander, sondern bereichert auch ihr individuelles Leben.

7.3 Respekt vor individuellen Bedürfnissen

Der Respekt vor individuellen Bedürfnissen ist ein fundamentaler Aspekt jeder Beziehung, insbesondere in einer Dreierbeziehung wie der von Johanna, Simon und Clara. In einem solchen Beziehungsmodell ist es entscheidend, dass die Partner nicht nur als Gruppe agieren, sondern auch die einzigartigen Wünsche und Bedürfnisse jedes Einzelnen anerkennen und wertschätzen. Dies fördert nicht nur das individuelle Wohlbefinden, sondern stärkt auch die kollektive Bindung.

Ein zentraler Punkt ist die Fähigkeit zur Empathie. Jeder Partner sollte sich bemühen, die Perspektiven und Gefühle der anderen zu verstehen. Dies kann durch regelmäßige Gespräche geschehen, in denen jeder seine Bedürfnisse offen äußern kann. Solche Dialoge schaffen einen Raum für Verständnis und Akzeptanz, was besonders wichtig ist, wenn unterschiedliche Erwartungen aufeinandertreffen. Beispielsweise könnte Clara den Wunsch haben, mehr Zeit für sich selbst zu verbringen, während Simon gerne mehr gemeinsame Aktivitäten initiieren möchte. Hier ist es wichtig, einen Kompromiss zu finden, der beiden gerecht wird.

Darüber hinaus spielt die Flexibilität eine wesentliche Rolle im Umgang mit individuellen Bedürfnissen. Die Bereitschaft, Pläne anzupassen oder neue Wege zu finden, um jedem Partner gerecht zu werden, zeigt Respekt und Wertschätzung. Wenn Johanna beispielsweise merkt, dass Simon nach einem langen Arbeitstag erschöpft ist und lieber einen ruhigen Abend verbringen möchte statt eines aufregenden Ausflugs, sollte sie dies respektieren und alternative Vorschläge machen.

Ein weiterer wichtiger Aspekt ist das Schaffen von Freiräumen für persönliche Interessen und Hobbys. Indem jeder Partner ermutigt wird, seine eigenen Leidenschaften zu verfolgen – sei es Sport, Kunst oder einfach Zeit mit Freunden – wird nicht nur das individuelle Glück gefördert, sondern auch die Beziehung bereichert. Diese persönlichen Erlebnisse können dann in gemeinsamen Gesprächen geteilt werden und so das Verständnis füreinander vertiefen.

Letztlich zeigt sich: Der Respekt vor individuellen Bedürfnissen erfordert ständige Aufmerksamkeit und Engagement von allen Beteiligten. Durch aktives Zuhören und offene Kommunikation können Johanna, Simon und Clara eine harmonische Balance zwischen ihren persönlichen Wünschen und den gemeinsamen Zielen finden.

8
Akzeptanz von Eifersucht und Unsicherheit

8.1 Eifersucht als Teil der Beziehung

Eifersucht ist ein komplexes Gefühl, das in vielen Beziehungen auftritt und oft als Zeichen von Unsicherheit oder Angst interpretiert wird. In der Beziehung zwischen Johanna, Simon und Clara zeigt sich, dass Eifersucht nicht nur eine negative Emotion ist, sondern auch eine Möglichkeit darstellt, tiefere Bedürfnisse und Ängste zu erkennen. Diese Dynamik ist besonders relevant in einer Dreierbeziehung, wo die Grenzen zwischen Individualität und Gemeinschaft verschwommen sind.

Die Entstehung von Eifersucht kann durch verschiedene Faktoren beeinflusst werden. In diesem Fall war es die intensive Verbindung zwischen Johanna und Clara, die Simon das Gefühl gab, ausgeschlossen zu sein. Solche Gefühle können leicht entstehen, wenn Partner emotionale oder physische Nähe zueinander suchen. Es ist wichtig zu verstehen, dass Eifersucht oft aus einem Mangel an Kommunikation resultiert; wenn Bedürfnisse nicht klar artikuliert werden, können Missverständnisse entstehen.

Ein weiterer Aspekt der Eifersucht in dieser Beziehung ist die Frage nach dem eigenen Wert innerhalb des Beziehungsgefüges. Johanna kämpfte mit der Unsicherheit über ihre Rolle als Ehefrau und Partnerin. Diese Unsicherheiten sind nicht ungewöhnlich; sie spiegeln wider, wie stark Menschen ihr Selbstwertgefühl an die Bestätigung durch andere knüpfen. Die Herausforderung besteht darin, diese Gefühle anzunehmen und konstruktiv damit umzugehen.

- Offene Kommunikation: Es ist entscheidend für alle Beteiligten, ihre Gefühle offen auszudrücken.
- Grenzen setzen: Klare Vereinbarungen helfen dabei, Missverständnisse zu vermeiden.
- Selbstreflexion: Jeder sollte sich seiner eigenen Unsicherheiten bewusst sein und daran arbeiten.

Letztendlich kann Eifersucht in einer Beziehung sowohl eine Herausforderung als auch eine Chance zur Weiterentwicklung darstellen. Indem Johanna, Simon und Clara lernen, ihre Emotionen zu akzeptieren und darüber zu sprechen, schaffen sie Raum für Wachstum und Verständnis. Ihre Reise zeigt uns, dass Liebe nicht nur aus Freude besteht; sie erfordert auch Mut zur Verletzlichkeit und die Bereitschaft zur ständigen Anpassung an neue Gegebenheiten.

8.2 Umgang mit Unsicherheiten

Der Umgang mit Unsicherheiten ist ein zentraler Aspekt in jeder Beziehung, insbesondere in komplexen Beziehungsstrukturen wie einer Dreierbeziehung. Unsicherheiten können aus verschiedenen Quellen stammen, darunter persönliche Erfahrungen, vergangene Beziehungen oder gesellschaftliche Erwartungen. Diese Emotionen sind oft tief verwurzelt und erfordern eine bewusste Auseinandersetzung, um die Dynamik innerhalb der Beziehung zu verstehen und zu verbessern.

Ein wichtiger Schritt im Umgang mit Unsicherheiten besteht darin, sich ihrer bewusst zu werden. Dies bedeutet, dass jeder Partner seine eigenen Ängste und Zweifel reflektieren sollte. In der Beziehung zwischen Johanna, Simon und Clara könnte dies beispielsweise bedeuten, dass Simon seine Angst vor dem Verlust von Johanna an Clara offenbart. Solche Gespräche fördern nicht nur das Verständnis füreinander, sondern stärken auch das Vertrauen innerhalb der Gruppe.

Ein weiterer entscheidender Aspekt ist die Kommunikation. Offene und ehrliche Gespräche über Gefühle der Unsicherheit sind unerlässlich. Wenn Partner ihre Sorgen teilen können, entsteht ein Raum für Empathie und Unterstützung. Es ist wichtig, dass alle Beteiligten lernen, aktiv zuzuhören und die Perspektiven des anderen zu respektieren. Dies kann helfen, Missverständnisse auszuräumen und eine tiefere Verbindung aufzubauen.

Zusätzlich sollten klare Grenzen gesetzt werden. In einer Dreierbeziehung kann es leicht zu Verwirrung kommen, wenn nicht klar definiert ist, was jeder Partner erwartet oder benötigt. Indem sie gemeinsam Vereinbarungen treffen – sei es über emotionale Nähe oder physische Intimität – können Johanna, Simon und Clara ihre individuellen Bedürfnisse besser artikulieren und gleichzeitig den Raum für Sicherheit schaffen.

Letztlich erfordert der Umgang mit Unsicherheiten Geduld und kontinuierliche Arbeit an sich selbst sowie an der Beziehung als Ganzes. Die Bereitschaft zur Selbstreflexion sowie zur Anpassung an neue Gegebenheiten kann dazu beitragen, dass die Partnerschaft nicht nur stabil bleibt, sondern auch wächst. Indem sie lernen, ihre Unsicherheiten anzunehmen und konstruktiv damit umzugehen, können sie eine tiefere Ebene des Verständnisses erreichen.

8.3 Konstruktive Kommunikation fördern

Konstruktive Kommunikation ist ein essenzieller Bestandteil jeder Beziehung, insbesondere in komplexen Beziehungsstrukturen wie einer Dreierbeziehung. Sie ermöglicht es den Partnern, ihre Bedürfnisse und Ängste offen zu teilen und Missverständnisse zu vermeiden. In diesem Kontext ist es wichtig, Kommunikationsstrategien zu entwickeln, die nicht nur das Verständnis füreinander fördern, sondern auch das Vertrauen stärken.

Ein zentraler Aspekt konstruktiver Kommunikation ist die Fähigkeit zum aktiven Zuhören. Dies bedeutet mehr als nur zuzuhören; es erfordert eine bewusste Anstrengung, die Perspektiven der anderen Partner zu verstehen und deren Gefühle ernst zu nehmen. Wenn Simon beispielsweise seine Ängste bezüglich Johannas Nähe zu Clara äußert, sollte Johanna ihm nicht nur zuhören, sondern auch Rückfragen stellen und seine Emotionen validieren. Diese Art des Dialogs schafft einen Raum für Empathie und fördert ein Gefühl der Sicherheit innerhalb der Gruppe.

Darüber hinaus spielt die nonverbale Kommunikation eine entscheidende Rolle. Körpersprache, Mimik und Tonfall können oft mehr ausdrücken als Worte allein. Ein offenes Auftreten und ein freundlicher Ton können dazu beitragen, Spannungen abzubauen und eine positive Gesprächsatmosphäre zu schaffen. Wenn Clara beispielsweise während eines Gesprächs über ihre Unsicherheiten lächelt oder Augenkontakt hält, signalisiert sie Offenheit und Bereitschaft zur Zusammenarbeit.

- Regelmäßige Check-ins: Die Partner sollten regelmäßige Gespräche einplanen, um ihre Gefühle auszutauschen und sicherzustellen, dass alle auf dem gleichen Stand sind.
- Ich-Botschaften verwenden: Statt Vorwürfe zu formulieren (z.B. "Du machst nie..."), sollten Partner Ich-Botschaften nutzen (z.B. "Ich fühle mich unsicher..."), um ihre eigenen Empfindungen klarer auszudrücken.
- Konflikte konstruktiv angehen: Bei Meinungsverschiedenheiten ist es wichtig, sich auf Lösungen zu konzentrieren anstatt Schuldzuweisungen vorzunehmen.

Letztlich erfordert die Förderung konstruktiver Kommunikation Geduld und Übung. Indem Johanna, Simon und Clara lernen, offen über ihre Gefühle zu sprechen und aktiv zuzuhören, können sie nicht nur bestehende Unsicherheiten abbauen, sondern auch eine tiefere emotionale Verbindung zueinander aufbauen. Diese Fähigkeiten sind entscheidend für das Wachstum ihrer Beziehung sowie für das individuelle Wohlbefinden jedes Partners.

9
Vertiefung der emotionalen Verbindung

9.1 Intimität in der Dreierbeziehung

Die Intimität in einer Dreierbeziehung ist ein komplexes und vielschichtiges Thema, das weit über die physische Anziehung hinausgeht. Sie erfordert ein hohes Maß an emotionaler Offenheit, Vertrauen und Kommunikation zwischen allen Beteiligten. In einer solchen Beziehung sind die Dynamiken oft anders als in traditionellen Paarbeziehungen, da jeder Partner unterschiedliche Bedürfnisse und Erwartungen mitbringt.

Ein zentraler Aspekt der Intimität in einer Dreierbeziehung ist die Fähigkeit, emotionale Bindungen zu schaffen, die sowohl individuell als auch kollektiv sind. Johanna, Simon und Clara mussten lernen, wie sie ihre individuellen Beziehungen zueinander gestalten können, ohne dass eine Person sich ausgeschlossen oder weniger wertgeschätzt fühlt. Dies erforderte regelmäßige Gespräche über ihre Gefühle und Bedürfnisse sowie das Setzen von Grenzen.

Eifersucht kann in einer Dreierbeziehung besonders ausgeprägt sein. Die Herausforderung besteht darin, diese Emotionen nicht nur zu erkennen, sondern auch konstruktiv damit umzugehen. Es ist wichtig für alle Beteiligten, offen über ihre Unsicherheiten zu sprechen und Wege zu finden, um sich gegenseitig zu unterstützen. Beispielsweise könnte Simon seine Eifersucht thematisieren und Johanna bitten, ihm mehr Zeit für gemeinsame Erlebnisse einzuräumen.

Ein weiterer wichtiger Punkt ist die Balance zwischen individueller Freiheit und gemeinsamer Zeit. In der beschriebenen Beziehung fanden Johanna und Simon es hilfreich, separate Aktivitäten mit Clara zu unternehmen sowie gemeinsame Erlebnisse als Trio zu planen. Diese Struktur half ihnen nicht nur dabei, ihre eigenen Identitäten innerhalb der Beziehung zu bewahren, sondern förderte auch das Gefühl von Zusammengehörigkeit.

Letztlich kann Intimität in einer Dreierbeziehung durch kontinuierliches Lernen und Wachsen gefördert werden. Die Partner müssen bereit sein, sich selbst immer wieder neu zu entdecken und anzupassen. Indem sie regelmäßig reflektieren und kommunizieren – sei es durch Gespräche oder kreative Ausdrucksformen wie Kunst oder Schreiben – können sie eine tiefere Verbindung aufbauen und gleichzeitig individuelle Bedürfnisse respektieren.

9.2 Gemeinsame Erlebnisse und Erinnerungen

Gemeinsame Erlebnisse und Erinnerungen sind das Herzstück jeder Beziehung, insbesondere in einer Dreierbeziehung, wo die Dynamik zwischen den Partnern einzigartig ist. Diese gemeinsamen Erfahrungen fördern nicht nur die emotionale Bindung, sondern helfen auch dabei, ein Gefühl der Zugehörigkeit zu schaffen. In einer solchen Konstellation ist es entscheidend, dass alle Beteiligten aktiv an der Schaffung von Erinnerungen teilnehmen, um ein ausgewogenes Verhältnis zwischen den individuellen Bedürfnissen und dem kollektiven Erlebnis zu gewährleisten.

Ein Beispiel für gemeinsame Erlebnisse könnte eine Reise sein, bei der Johanna, Simon und Clara neue Orte erkunden. Solche Abenteuer bieten nicht nur die Möglichkeit zur Entspannung und zum Spaß, sondern auch zur Vertiefung ihrer emotionalen Verbindung. Während sie gemeinsam Herausforderungen meistern – sei es beim Navigieren durch unbekannte Städte oder beim Überwinden von Missverständnissen – stärken sie ihr Vertrauen zueinander. Diese Erlebnisse werden zu wertvollen Erinnerungen, die sie in schwierigen Zeiten als Anker nutzen können.

Darüber hinaus können regelmäßige Rituale oder Traditionen innerhalb der Beziehung dazu beitragen, eine tiefere Verbindung herzustellen. Ob es sich um wöchentliche Spieleabende oder monatliche Ausflüge handelt – solche Aktivitäten schaffen einen Raum für Intimität und Austausch. Sie ermöglichen es jedem Partner, seine Persönlichkeit einzubringen und gleichzeitig das Gemeinschaftsgefühl zu stärken.

Die Reflexion über vergangene Erlebnisse kann ebenfalls eine bedeutende Rolle spielen. Indem die Partner über ihre gemeinsamen Erfahrungen sprechen – sei es in Form von Gesprächen oder kreativen Ausdrucksformen wie Fotobüchern oder Tagebüchern – vertiefen sie ihr Verständnis füreinander. Diese Rückblicke fördern nicht nur das Gefühl der Verbundenheit, sondern helfen auch dabei, aus vergangenen Herausforderungen zu lernen und zukünftige Konflikte besser zu bewältigen.

Letztlich sind gemeinsame Erlebnisse und Erinnerungen nicht nur Bausteine einer starken Beziehung; sie sind auch Werkzeuge zur Förderung des Wachstums jedes Einzelnen innerhalb des Trios. Durch das Teilen von Freude und Schmerz wird eine tiefere emotionale Verbindung geschaffen, die alle Partner stärkt.

9.3 Stärkung des Vertrauens untereinander

Die Stärkung des Vertrauens ist ein zentraler Aspekt jeder Beziehung, insbesondere in einer Dreierbeziehung, wo die Dynamik zwischen den Partnern komplex und vielschichtig ist. Vertrauen bildet das Fundament, auf dem alle weiteren Interaktionen und emotionalen Bindungen aufbauen. Es ermöglicht den Partnern, sich verletzlich zu zeigen und ihre tiefsten Gedanken und Gefühle zu teilen, was wiederum die emotionale Verbindung vertieft.

Ein effektiver Weg zur Stärkung des Vertrauens besteht darin, offene Kommunikation zu fördern. Dies bedeutet nicht nur, dass jeder Partner seine Bedürfnisse und Wünsche klar äußern kann, sondern auch aktiv zuhört und Verständnis für die Perspektiven der anderen zeigt. Regelmäßige Gespräche über persönliche Grenzen, Ängste oder Unsicherheiten können helfen, Missverständnisse auszuräumen und ein Gefühl der Sicherheit zu schaffen. Wenn alle Beteiligten wissen, dass sie gehört werden und ihre Anliegen ernst genommen werden, wächst das Vertrauen erheblich.

Zusätzlich spielt Transparenz eine entscheidende Rolle im Vertrauensaufbau. Indem die Partner offen über ihre Aktivitäten, Gedanken und Emotionen sprechen – sei es in Bezug auf andere Beziehungen oder persönliche Herausforderungen – wird ein Klima geschaffen, in dem Misstrauen keinen Platz hat. Diese Offenheit fördert nicht nur das gegenseitige Verständnis, sondern hilft auch dabei, potenzielle Konflikte frühzeitig zu erkennen und anzugehen.

Ein weiterer wichtiger Aspekt ist die Verlässlichkeit. Wenn Partner Versprechen halten und sich an Absprachen halten, stärkt dies das Vertrauen nachhaltig. Kleine Gesten der Zuverlässigkeit im Alltag – wie pünktliches Erscheinen bei verabredeten Treffen oder das Einhalten von Vereinbarungen – tragen dazu bei, ein starkes Fundament des Vertrauens aufzubauen.

Letztlich ist es wichtig zu erkennen, dass Vertrauen Zeit braucht. Es entwickelt sich durch gemeinsame Erfahrungen und durch das Überwinden von Herausforderungen als Team. Indem die Partner gemeinsam an ihrer Beziehung arbeiten und sich gegenseitig unterstützen – sei es in guten oder schlechten Zeiten – festigen sie ihr Vertrauen zueinander weiter.

10
Die Rolle von Kunst in der Beziehung

10.1 Kunst als Ausdruck von Emotionen

Kunst hat seit jeher eine zentrale Rolle im menschlichen Leben gespielt, insbesondere als Medium zur Darstellung und Verarbeitung von Emotionen. In der Beziehung zwischen Johanna, Simon und Clara wird deutlich, wie Kunst nicht nur ein kreatives Ventil ist, sondern auch tiefere emotionale Verbindungen schaffen kann. Die Malerei von Clara wird zum Spiegel ihrer inneren Welt und beeinflusst die Dynamik zwischen den drei Protagonisten maßgeblich.

Emotionen sind oft komplex und vielschichtig; sie lassen sich nicht immer in Worte fassen. Hier kommt die Kunst ins Spiel: Sie bietet einen Raum, in dem Gefühle visuell oder akustisch ausgedrückt werden können. Clara nutzt ihre Malerei, um ihre eigenen Empfindungen zu verarbeiten und gleichzeitig Johanna und Simon Einblicke in ihre Gefühlswelt zu gewähren. Diese Offenheit fördert das Verständnis untereinander und schafft eine Atmosphäre des Vertrauens.

Ein Beispiel für diese emotionale Verbindung zeigt sich in einem gemeinsamen Abend, an dem Clara ein neues Gemälde präsentiert. Die Farben und Formen spiegeln ihre innere Zerrissenheit wider – ein Gefühl, das auch Johanna und Simon kennen. Durch die Betrachtung des Werkes erkennen sie nicht nur Claras Kämpfe, sondern reflektieren auch über ihre eigenen Unsicherheiten innerhalb der Dreierbeziehung. Diese Art des Austauschs ermöglicht es ihnen, auf einer tieferen Ebene miteinander zu kommunizieren.

- Kunst als Kommunikationsmittel: Sie überbrückt sprachliche Barrieren und ermöglicht es den Beteiligten, Gefühle auszudrücken, die sonst vielleicht unausgesprochen bleiben würden.
- Emotionale Reflexion: Durch das Erleben von Kunst können Individuen ihre eigenen Emotionen besser verstehen und verarbeiten.
- Gemeinsame Erlebnisse: Das Teilen von künstlerischen Momenten stärkt die Bindung zwischen Partnern und fördert ein Gefühl der Gemeinschaft.

Letztlich zeigt sich, dass Kunst nicht nur eine Form der Selbstentfaltung ist, sondern auch als Katalysator für emotionale Intimität fungiert. In der Beziehung von Johanna, Simon und Clara wird deutlich, dass das Verständnis für die emotionalen Ausdrucksformen des anderen entscheidend ist für das Gelingen ihrer ungewöhnlichen Verbindung.

10.2 Gemeinsame kreative Projekte

Gemeinsame kreative Projekte sind ein kraftvolles Mittel, um die Bindung zwischen Partnern zu stärken und emotionale Intimität zu fördern. In der Beziehung von Johanna, Simon und Clara wird deutlich, wie solche Aktivitäten nicht nur als Ausdruck künstlerischer Fähigkeiten dienen, sondern auch als Plattform für den Austausch von Gedanken und Gefühlen fungieren. Diese Projekte bieten eine Gelegenheit, gemeinsam Zeit zu verbringen und sich auf einer tieferen Ebene kennenzulernen.

Ein Beispiel für ein gemeinsames kreatives Projekt könnte das Erstellen eines Wandgemäldes sein. Hierbei können alle Beteiligten ihre Ideen einbringen und gemeinsam an einem visuellen Kunstwerk arbeiten. Während des Schaffensprozesses entstehen Gespräche über persönliche Erfahrungen, Wünsche und Ängste, die oft in den Farben und Formen des Gemäldes ihren Ausdruck finden. Solche gemeinsamen Erlebnisse schaffen nicht nur Erinnerungen, sondern fördern auch das Verständnis füreinander.

Darüber hinaus können gemeinsame kreative Projekte auch als therapeutisches Werkzeug eingesetzt werden. Wenn Johanna beispielsweise mit Simon und Clara an einem Fotoprojekt arbeitet, bei dem sie ihre Umgebung dokumentieren, kann dies helfen, ihre Perspektiven auf das Leben zu reflektieren. Die Auswahl der Motive spiegelt oft individuelle Emotionen wider; durch die Diskussion über diese Bilder können sie tiefere Einblicke in die Gefühle des jeweils anderen gewinnen.

Ein weiterer Aspekt ist die Möglichkeit der Rollenverteilung innerhalb dieser Projekte. Jeder bringt unterschiedliche Stärken ein – sei es im Zeichnen, Schreiben oder Musizieren – was dazu führt, dass jeder Partner seine Talente entfalten kann. Dies fördert nicht nur das Selbstbewusstsein jedes Einzelnen, sondern stärkt auch das Gefühl der Gemeinschaft innerhalb der Beziehung.

Letztlich zeigen gemeinsame kreative Projekte auf eindrucksvolle Weise, wie Kunst als verbindendes Element fungiert. Sie ermöglichen es den Partnern nicht nur, ihre Kreativität auszuleben, sondern auch eine tiefere emotionale Verbindung zueinander aufzubauen. In der Beziehung von Johanna, Simon und Clara wird klar: Durch das Teilen kreativer Prozesse entsteht eine einzigartige Dynamik des Vertrauens und der Offenheit.

10.3 Inspiration durch unterschiedliche Perspektiven

Die Fähigkeit, verschiedene Perspektiven zu betrachten und zu integrieren, ist ein wesentlicher Aspekt der künstlerischen Schöpfung und spielt eine entscheidende Rolle in zwischenmenschlichen Beziehungen. In einer Partnerschaft kann die Auseinandersetzung mit unterschiedlichen Sichtweisen nicht nur die Kreativität anregen, sondern auch das Verständnis füreinander vertiefen. Wenn Partner ihre individuellen Erfahrungen und Ansichten in kreative Projekte einbringen, entsteht ein Raum für Dialog und Reflexion.

Ein Beispiel hierfür ist die gemeinsame Arbeit an einem Theaterstück oder einer Performance. Jeder Partner bringt seine eigene Lebensgeschichte, kulturellen Hintergrund und emotionale Wahrnehmung in das Projekt ein. Diese Vielfalt an Perspektiven kann dazu führen, dass neue Ideen entstehen, die möglicherweise außerhalb der gewohnten Denkweise liegen. Durch den kreativen Prozess lernen die Partner nicht nur voneinander, sondern entwickeln auch Empathie für die Herausforderungen und Freuden des anderen.

Darüber hinaus können visuelle Kunstformen wie Malerei oder Fotografie als Mittel dienen, um unterschiedliche Sichtweisen darzustellen. Wenn beispielsweise Johanna und Simon gemeinsam an einem Fotoprojekt arbeiten, bei dem sie ihre Umgebung aus verschiedenen Blickwinkeln dokumentieren, können sie nicht nur ihre individuellen Interpretationen der Welt festhalten, sondern auch darüber diskutieren, was diese Bilder für jeden von ihnen bedeuten. Solche Gespräche fördern das gegenseitige Verständnis und helfen dabei, Missverständnisse auszuräumen.

Ein weiterer wichtiger Aspekt ist die Möglichkeit der kreativen Konfliktlösung. Unterschiedliche Meinungen über künstlerische Entscheidungen können zunächst Spannungen erzeugen; jedoch bietet dieser Prozess auch eine Gelegenheit zur Klärung von Werten und Prioritäten innerhalb der Beziehung. Indem Paare lernen, konstruktiv mit Differenzen umzugehen und diese in den kreativen Prozess einzubeziehen, stärken sie nicht nur ihre künstlerische Zusammenarbeit, sondern auch ihre emotionale Bindung.

Letztlich zeigt sich: Die Inspiration durch unterschiedliche Perspektiven bereichert nicht nur den kreativen Ausdruck innerhalb einer Beziehung; sie fördert auch eine tiefere Verbindung zwischen den Partnern. Indem sie sich aufeinander einlassen und bereit sind zuzuhören sowie zu lernen, schaffen sie eine dynamische Grundlage für Wachstum – sowohl als Individuen als auch als Paar.

11
Herausforderungen im Alltag

11.1 Vereinbarkeit von Beruf und Beziehung

Die Vereinbarkeit von Beruf und Beziehung ist ein zentrales Thema in der modernen Gesellschaft, das viele Paare vor Herausforderungen stellt. In einer Zeit, in der beruflicher Erfolg oft mit persönlichem Glück gleichgesetzt wird, müssen Paare Wege finden, ihre Karriereziele mit den Bedürfnissen ihrer Beziehungen in Einklang zu bringen. Dies erfordert nicht nur Zeitmanagement, sondern auch eine offene Kommunikation über Erwartungen und Prioritäten.

Ein Beispiel für diese Herausforderung zeigt sich bei Johanna und Simon, die beide leidenschaftlich ihren Berufen nachgehen. Während Johanna als Architektin oft lange Stunden im Büro verbringt, widmet sich Simon als Fotograf häufig unregelmäßigen Arbeitszeiten. Diese unterschiedlichen Arbeitsrhythmen können zu Spannungen führen, wenn es darum geht, gemeinsame Zeit zu planen oder emotionale Unterstützung zu bieten.

Um die Balance zwischen Beruf und Beziehung zu halten, ist es entscheidend, klare Grenzen zu setzen. Paare sollten feste Zeiten für gemeinsame Aktivitäten einplanen und diese wie einen wichtigen Termin behandeln. Solche Rituale stärken nicht nur die Bindung, sondern helfen auch dabei, Stress abzubauen und den Alltag besser zu bewältigen.

- **Offene Kommunikation:** Regelmäßige Gespräche über Bedürfnisse und Gefühle sind unerlässlich. Paare sollten sich gegenseitig ermutigen, ihre Sorgen anzusprechen.
- **Flexibilität:** Die Bereitschaft zur Anpassung an Veränderungen im Berufsleben kann helfen, Konflikte zu vermeiden. Manchmal muss man Prioritäten neu setzen.
- **Gemeinsame Ziele:** Das Festlegen gemeinsamer Lebensziele kann dazu beitragen, dass beide Partner auf dasselbe Ziel hinarbeiten und sich gegenseitig unterstützen.

Letztendlich ist die Vereinbarkeit von Beruf und Beziehung ein dynamischer Prozess. Es erfordert ständige Anpassungen sowie das Verständnis dafür, dass sowohl berufliche Ambitionen als auch persönliche Beziehungen wichtig sind. Indem Paare lernen, miteinander umzugehen und Kompromisse einzugehen, können sie eine harmonische Balance finden – eine Herausforderung, die letztlich auch zur Stärkung ihrer Verbindung beiträgt.

11.2 Soziale Akzeptanz der Dreierbeziehung

Die soziale Akzeptanz von Dreierbeziehungen ist ein komplexes Thema, das in den letzten Jahren zunehmend an Bedeutung gewonnen hat. In einer Gesellschaft, die traditionell monogame Beziehungen als Norm betrachtet, stehen Paare in polyamoren Konstellationen oft vor Herausforderungen, die sowohl gesellschaftlicher als auch persönlicher Natur sind. Die Wahrnehmung solcher Beziehungen variiert stark und hängt von kulturellen, sozialen und individuellen Faktoren ab.

Ein zentraler Aspekt der sozialen Akzeptanz ist das Verständnis und die Offenheit gegenüber alternativen Beziehungsmodellen. Während einige Menschen Dreierbeziehungen als Ausdruck von Freiheit und Selbstbestimmung betrachten, empfinden andere sie als Bedrohung für traditionelle Werte. Diese unterschiedlichen Perspektiven können zu Stigmatisierung führen, was sich negativ auf das Wohlbefinden der Beteiligten auswirken kann. Beispielsweise berichten viele Paare über Schwierigkeiten im Umgang mit Vorurteilen aus ihrem Freundes- oder Familienkreis.

Ein weiterer wichtiger Punkt ist die Kommunikation innerhalb der Beziehung selbst. Offene Gespräche über Bedürfnisse, Grenzen und Erwartungen sind entscheidend für das Gelingen einer Dreierbeziehung. Paare müssen nicht nur untereinander klar kommunizieren, sondern auch bereit sein, ihre Beziehung nach außen zu erklären und Missverständnisse auszuräumen. Dies erfordert Mut und eine gewisse Resilienz gegenüber gesellschaftlichem Druck.

Darüber hinaus spielt die Darstellung von Dreierbeziehungen in den Medien eine bedeutende Rolle bei der Formung öffentlicher Meinungen. Filme, Serien und Bücher können dazu beitragen, stereotype Vorstellungen abzubauen und ein differenzierteres Bild zu vermitteln. Positive Darstellungen können dazu führen, dass mehr Menschen bereit sind, alternative Beziehungsformen zu akzeptieren oder sogar selbst auszuprobieren.

Letztlich ist die soziale Akzeptanz von Dreierbeziehungen ein dynamischer Prozess, der durch Bildung, Aufklärung und persönliche Erfahrungen gefördert werden kann. Indem wir uns mit verschiedenen Lebensmodellen auseinandersetzen und Empathie für unterschiedliche Lebensweisen entwickeln, können wir einen Raum schaffen, in dem alle Beziehungsformen respektiert werden.

11.3 Umgang mit äußeren Meinungen

Der Umgang mit äußeren Meinungen ist ein entscheidender Aspekt in der heutigen Gesellschaft, insbesondere für Menschen, die in nicht-traditionellen Beziehungsformen leben, wie etwa Dreierbeziehungen. Diese Beziehungen stehen oft im Fokus von gesellschaftlichen Normen und Erwartungen, was zu einem ständigen Spannungsfeld zwischen persönlichem Glück und öffentlicher Wahrnehmung führt.

Ein zentraler Punkt beim Umgang mit äußeren Meinungen ist die Fähigkeit zur Selbstreflexion. Paare müssen sich ihrer eigenen Werte und Überzeugungen bewusst sein, um sich nicht von den oft negativen oder voreingenommenen Ansichten anderer beeinflussen zu lassen. Es ist wichtig, eine klare Vorstellung davon zu haben, was man selbst von einer Beziehung erwartet und welche Grenzen man setzen möchte. Dies kann helfen, das eigene Selbstbewusstsein zu stärken und die Resilienz gegenüber Kritik zu erhöhen.

Darüber hinaus spielt die Kommunikation eine wesentliche Rolle. Offene Gespräche über die Herausforderungen und Vorurteile, denen man begegnet, können nicht nur innerhalb der Beziehung heilsam wirken, sondern auch dazu beitragen, Missverständnisse im Freundes- oder Familienkreis auszuräumen. Indem Paare ihre Erfahrungen teilen und erklären, warum sie sich für eine polyamore Lebensweise entschieden haben, können sie Empathie wecken und möglicherweise sogar Vorurteile abbauen.

Ein weiterer wichtiger Aspekt ist der Einfluss der sozialen Medien auf die Wahrnehmung von Beziehungen. Plattformen wie Instagram oder Facebook bieten sowohl Chancen als auch Risiken: Während positive Darstellungen alternativer Beziehungsmodelle zur Akzeptanz beitragen können, besteht gleichzeitig die Gefahr von Shitstorms oder negativer Kommentierung durch anonyme Nutzer. Hier ist es entscheidend, einen gesunden Umgang mit diesen Plattformen zu finden und sich nicht von negativen Kommentaren entmutigen zu lassen.

Letztlich erfordert der Umgang mit äußeren Meinungen Mut und Entschlossenheit. Paare sollten lernen, konstruktive Kritik von destruktiven Äußerungen zu unterscheiden und sich auf das Positive zu konzentrieren – sowohl in ihrer Beziehung als auch im Austausch mit anderen Menschen. Durch Bildung und Aufklärung kann ein Umfeld geschaffen werden, in dem unterschiedliche Beziehungsformen respektiert werden.

12
Selbstfindung innerhalb der Beziehung

12.1 Persönliche Entwicklung fördern

Die persönliche Entwicklung innerhalb einer Beziehung ist ein entscheidender Aspekt, der oft übersehen wird. In einer dynamischen Partnerschaft, wie der von Johanna, Simon und Clara, ist es wichtig, dass jeder Partner die Möglichkeit hat, sich individuell zu entfalten. Diese individuelle Entfaltung trägt nicht nur zur persönlichen Zufriedenheit bei, sondern stärkt auch die Beziehung insgesamt.

Ein zentraler Punkt in der Förderung der persönlichen Entwicklung ist die Schaffung eines unterstützenden Umfelds. Dies bedeutet, dass Partner aktiv an den Zielen und Träumen des anderen interessiert sind und diese unterstützen. Johanna könnte beispielsweise Simon ermutigen, seine fotografischen Fähigkeiten weiterzuentwickeln, während Simon Johanna in ihrer architektonischen Karriere unterstützt. Solche gegenseitigen Ermutigungen schaffen eine Atmosphäre des Wachstums und der Inspiration.

Darüber hinaus ist Kommunikation unerlässlich. Offene Gespräche über persönliche Wünsche und Ängste ermöglichen es den Partnern, ein tieferes Verständnis füreinander zu entwickeln. Wenn Clara beispielsweise ihre Unsicherheiten bezüglich ihrer Rolle in der Dreierbeziehung anspricht, können Johanna und Simon darauf reagieren und gemeinsam Lösungen finden. Diese Art von Dialog fördert nicht nur das individuelle Wachstum, sondern stärkt auch das Vertrauen innerhalb der Beziehung.

- **Selbstreflexion:** Jeder Partner sollte regelmäßig Zeit für sich selbst nehmen, um über eigene Bedürfnisse nachzudenken.
- **Ziele setzen:** Gemeinsame sowie individuelle Ziele sollten definiert werden; dies gibt jedem Partner einen klaren Fokus.
- **Kreative Ausdrucksformen:** Die Ermutigung zur Teilnahme an kreativen Aktivitäten kann helfen, neue Perspektiven zu gewinnen.

Letztlich führt die Förderung persönlicher Entwicklung dazu, dass jeder Partner authentischer wird. In einer Beziehung wie der von Johanna, Simon und Clara kann dies bedeuten, dass sie lernen müssen, ihre individuellen Identitäten zu schätzen und gleichzeitig als Einheit zu funktionieren. Indem sie Raum für persönliches Wachstum schaffen und gleichzeitig ihre Bindung stärken, können sie eine tiefere Verbindung aufbauen – eine Verbindung, die sowohl Freiheit als auch Nähe umfasst.

12.2 Identität in einer nicht-traditionellen Beziehung

Die Identität in nicht-traditionellen Beziehungen, wie etwa polyamoren oder offenen Partnerschaften, ist ein facettenreiches Thema, das tiefgreifende Auswirkungen auf die persönliche Entwicklung und das Selbstverständnis der Beteiligten hat. In solchen Beziehungsformen wird oft eine Vielzahl von Identitäten und Rollen innerhalb der Partnerschaft ausgehandelt, was sowohl Herausforderungen als auch Chancen für die individuelle Selbstfindung mit sich bringt.

Ein zentrales Element dieser Dynamik ist die Auseinandersetzung mit den eigenen Bedürfnissen und Wünschen. In einer nicht-traditionellen Beziehung sind Partner häufig gefordert, ihre Identität aktiv zu gestalten und zu kommunizieren. Dies kann bedeuten, dass sie sich intensiver mit Fragen ihrer sexuellen Orientierung, emotionalen Bindungen und persönlichen Grenzen auseinandersetzen müssen. Beispielsweise könnte Clara in der Dreierbeziehung mit Johanna und Simon feststellen, dass sie sich in ihrer Rolle als Partnerin neu definieren muss, um sowohl ihre eigenen Bedürfnisse als auch die ihrer Partner zu berücksichtigen.

Darüber hinaus spielt die gesellschaftliche Wahrnehmung eine bedeutende Rolle bei der Identitätsbildung in nicht-traditionellen Beziehungen. Oft sehen sich Individuen Vorurteilen oder Missverständnissen ausgesetzt, was dazu führen kann, dass sie ihre Beziehung geheim halten oder sich unwohl fühlen. Diese äußeren Einflüsse können den Prozess der Selbstfindung erschweren; gleichzeitig bieten sie jedoch auch die Möglichkeit zur Stärkung des inneren Zusammenhalts unter den Partnern. Indem sie gemeinsam gegen gesellschaftliche Normen ankämpfen, können Johanna, Simon und Clara eine tiefere Verbindung zueinander entwickeln.

Ein weiterer wichtiger Aspekt ist die Flexibilität der Rollen innerhalb solcher Beziehungen. Während traditionelle Partnerschaften oft klare Erwartungen an Geschlechterrollen und Verantwortlichkeiten haben, ermöglicht eine nicht-traditionelle Beziehung den Partnern oft mehr Freiheit bei der Definition ihrer individuellen Identitäten. Dies fördert ein Gefühl von Autonomie und ermutigt jeden Einzelnen dazu, seine einzigartigen Talente und Interessen einzubringen.

Letztlich führt diese aktive Auseinandersetzung mit der eigenen Identität in einer nicht-traditionellen Beziehung zu einem tieferen Verständnis von sich selbst sowie von anderen. Die Fähigkeit zur Selbstreflexion wird gestärkt und trägt dazu bei, dass jeder Partner authentischer agiert – sowohl innerhalb der Beziehung als auch im weiteren sozialen Kontext.

12.3 Reflexion über eigene Bedürfnisse

Die Reflexion über eigene Bedürfnisse ist ein essenzieller Bestandteil der Selbstfindung innerhalb einer Beziehung, insbesondere in nicht-traditionellen Beziehungsformen. Diese Auseinandersetzung ermöglicht es den Partnern, ihre individuellen Wünsche und Grenzen zu erkennen und zu kommunizieren, was für das Wohlbefinden aller Beteiligten von entscheidender Bedeutung ist.

Ein zentraler Aspekt dieser Reflexion ist die Fähigkeit zur Selbstbeobachtung. Indem Individuen regelmäßig innehalten und ihre Gefühle sowie Bedürfnisse hinterfragen, können sie ein tieferes Verständnis für sich selbst entwickeln. Dies kann durch verschiedene Methoden geschehen, wie etwa Journaling oder Gespräche mit vertrauten Personen. Solche Praktiken fördern nicht nur die persönliche Klarheit, sondern stärken auch die Kommunikationsfähigkeit innerhalb der Beziehung.

Darüber hinaus spielt die Auseinandersetzung mit gesellschaftlichen Normen eine wichtige Rolle. In vielen Kulturen gibt es vorgegebene Vorstellungen darüber, wie Beziehungen aussehen sollten und welche Bedürfnisse legitim sind. Diese Erwartungen können dazu führen, dass Individuen ihre eigenen Wünsche unterdrücken oder anpassen, um den äußeren Anforderungen gerecht zu werden. Eine kritische Reflexion über diese Normen hilft dabei, authentischere Entscheidungen zu treffen und sich von schädlichen Glaubenssätzen zu befreien.

Ein praktisches Beispiel könnte eine Person sein, die in einer polyamoren Beziehung lebt und feststellt, dass sie mehr emotionale Unterstützung benötigt als ursprünglich angenommen. Durch offene Gespräche mit ihren Partnern kann sie diese Bedürfnisse artikulieren und gemeinsam nach Lösungen suchen. Dies fördert nicht nur das individuelle Wachstum, sondern stärkt auch die Bindung zwischen den Partnern.

Letztlich führt die kontinuierliche Reflexion über eigene Bedürfnisse dazu, dass jeder Partner in der Lage ist, seine Identität aktiv zu gestalten und gleichzeitig Raum für das Wachstum des anderen zu schaffen. Diese Dynamik trägt dazu bei, dass Beziehungen nicht nur stabiler werden, sondern auch erfüllender sind – sowohl auf individueller als auch auf gemeinschaftlicher Ebene.

13
Die Suche nach Freiheit und Verpflichtung

13.1 Balance zwischen Unabhängigkeit und Nähe

Die Balance zwischen Unabhängigkeit und Nähe ist ein zentrales Thema in jeder Beziehung, insbesondere in einer komplexen Dreierbeziehung wie der von Johanna, Simon und Clara. Diese Dynamik erfordert ein feines Gespür für die Bedürfnisse aller Beteiligten, um sowohl individuelle Freiräume als auch gemeinsame Intimität zu fördern.

In der Anfangsphase ihrer Beziehung erlebten Johanna und Simon eine aufregende Erweiterung ihres emotionalen Horizonts durch Clara. Die anfängliche Begeisterung führte jedoch schnell zu Herausforderungen, als Eifersucht und Unsicherheiten aufkamen. Es wurde deutlich, dass die Freiheit, die sie sich wünschten, nicht ohne Kompromisse und klare Kommunikation erreicht werden konnte. Um diese Balance zu finden, mussten sie lernen, ihre individuellen Bedürfnisse zu artikulieren und gleichzeitig den Raum für Nähe zu schaffen.

Ein wichtiger Aspekt dieser Balance ist das Verständnis dafür, dass Unabhängigkeit nicht gleichbedeutend mit Isolation ist. Johanna fand beispielsweise neue Inspiration in Claras Kunst, was ihr half, ihre eigene kreative Identität weiterzuentwickeln. Gleichzeitig musste sie darauf achten, dass ihre Verbindung zu Simon nicht darunter litt. Hier zeigt sich die Notwendigkeit eines ständigen Dialogs: Sie mussten regelmäßig besprechen, wie viel Zeit sie gemeinsam verbringen wollten und wo jeder seine eigenen Interessen verfolgen konnte.

Ein weiterer Punkt ist die Akzeptanz von Eifersucht als Teil des menschlichen Erlebens. Anstatt diese Emotionen zu unterdrücken oder zu ignorieren, lernten Johanna und Simon sowie Clara, offen darüber zu sprechen. Dies förderte nicht nur das Vertrauen untereinander, sondern half auch dabei, Missverständnisse frühzeitig auszuräumen. Indem sie ihre Ängste teilten und gemeinsam Lösungen fanden – sei es durch feste Zeiten für individuelle Aktivitäten oder durch bewusste Momente der Zweisamkeit – konnten sie eine tiefere Verbindung aufbauen.

Letztlich zeigt die Erfahrung von Johanna, Simon und Clara, dass die Suche nach einer gesunden Balance zwischen Unabhängigkeit und Nähe ein dynamischer Prozess ist. Es erfordert ständige Reflexion über persönliche Wünsche sowie das Engagement füreinander. Durch diesen Prozess wird nicht nur die Beziehung gestärkt; es entsteht auch ein Raum für persönliches Wachstum innerhalb der Gemeinschaft.

13.2 Verpflichtungen gegenüber Partnern verstehen

Die Verpflichtungen, die wir gegenüber unseren Partnern eingehen, sind ein zentraler Bestandteil jeder Beziehung und spielen eine entscheidende Rolle in der Dynamik zwischen den Beteiligten. In einer komplexen Beziehung wie der von Johanna, Simon und Clara ist es wichtig, diese Verpflichtungen nicht nur zu erkennen, sondern auch aktiv zu gestalten und zu kommunizieren.

Ein grundlegender Aspekt dieser Verpflichtungen ist das Verständnis für die emotionalen Bedürfnisse des Partners. Jeder Mensch bringt unterschiedliche Erwartungen und Wünsche in eine Beziehung ein. Johanna beispielsweise hatte anfangs Schwierigkeiten, ihre Bedürfnisse klar zu artikulieren. Dies führte zu Missverständnissen mit Simon und Clara. Durch offene Gespräche lernten sie jedoch, dass es wichtig ist, regelmäßig über ihre Gefühle und Erwartungen zu sprechen. Diese Kommunikation fördert nicht nur das Vertrauen, sondern hilft auch dabei, gemeinsame Ziele zu definieren.

Ein weiterer wichtiger Punkt ist die Balance zwischen individuellen Freiräumen und gemeinsamen Aktivitäten. Die Verpflichtung gegenüber einem Partner bedeutet nicht zwangsläufig Verzicht auf persönliche Interessen oder Hobbys. Vielmehr sollten beide Partner ermutigt werden, ihre eigenen Leidenschaften auszuleben. So fand Johanna beispielsweise Freude daran, Zeit mit Clara in deren Atelier zu verbringen, während Simon seine eigenen sportlichen Aktivitäten verfolgte. Diese individuelle Entfaltung stärkt letztlich die Beziehung, da jeder Partner als eigenständige Person geschätzt wird.

Zusätzlich spielt die Akzeptanz von Veränderungen innerhalb der Beziehung eine wesentliche Rolle bei den Verpflichtungen gegenüber dem Partner. Beziehungen entwickeln sich im Laufe der Zeit weiter; was heute funktioniert, könnte morgen herausfordernd sein. Daher ist es wichtig, flexibel auf neue Situationen reagieren zu können und bereit zu sein, Vereinbarungen anzupassen oder neu auszuhandeln.

Letztlich zeigt sich in der Erfahrung von Johanna, Simon und Clara: Die Verpflichtung gegenüber einem Partner ist ein dynamischer Prozess des Gebens und Nehmens. Es erfordert ständige Reflexion über eigene Wünsche sowie das Engagement füreinander – nur so kann eine gesunde und erfüllende Beziehung entstehen.

13.3 Freiheit als Teil des Liebeslebens

Die Freiheit innerhalb einer Beziehung ist ein essenzieller Aspekt, der oft übersehen wird, jedoch entscheidend für das Wohlbefinden und die Zufriedenheit beider Partner ist. In einer Welt, in der Beziehungen zunehmend komplexer werden, ist es wichtig zu verstehen, wie individuelle Freiräume und persönliche Entfaltung zur Stärkung der emotionalen Bindung beitragen können.

Freiheit bedeutet nicht nur die Abwesenheit von Verpflichtungen, sondern vielmehr die Möglichkeit, sich selbst zu verwirklichen und gleichzeitig eine tiefere Verbindung zum Partner aufzubauen. Ein Beispiel hierfür ist die Praxis des „Freiraumgebens", bei dem Partner ermutigt werden, ihre eigenen Interessen und Hobbys zu verfolgen. Dies kann dazu führen, dass jeder Partner seine Identität bewahrt und gleichzeitig neue Erfahrungen in die Beziehung einbringt. Johanna fand beispielsweise Freude daran, alleine ins Theater zu gehen, während Simon seine Zeit mit Freunden beim Sport verbrachte. Diese individuellen Erlebnisse bereicherten ihre gemeinsamen Gespräche und förderten ein tieferes Verständnis füreinander.

Ein weiterer wichtiger Aspekt der Freiheit in Beziehungen ist das Vertrauen. Wenn Partner sich gegenseitig Freiräume gewähren, zeigt dies ein hohes Maß an Vertrauen zueinander. Es signalisiert: „Ich vertraue dir genug, um dir Raum für deine eigenen Entscheidungen zu geben." Dieses Vertrauen kann wiederum dazu führen, dass beide Partner offener über ihre Bedürfnisse sprechen und Konflikte konstruktiver lösen können.

Allerdings kann das Streben nach individueller Freiheit auch Herausforderungen mit sich bringen. Es besteht die Gefahr von Missverständnissen oder Eifersucht, wenn einer der Partner das Gefühl hat, vernachlässigt zu werden oder nicht genügend Aufmerksamkeit zu erhalten. Daher ist es unerlässlich, regelmäßig über Grenzen und Erwartungen zu kommunizieren. Offene Gespräche helfen dabei sicherzustellen, dass beide Partner sich wohlfühlen und ihre Bedürfnisse respektiert werden.

Letztlich zeigt sich: Die Balance zwischen individueller Freiheit und gemeinsamer Zeit ist entscheidend für eine gesunde Beziehung. Indem Paare lernen, diese Dynamik aktiv zu gestalten und anzupassen, können sie eine erfüllende Partnerschaft aufbauen – eine Partnerschaft, in der sowohl Liebe als auch persönliche Entfaltung ihren Platz haben.

14
Langfristige Perspektiven für die Beziehung

14.1 Visionen für die Zukunft entwickeln

Die Entwicklung von Visionen für die Zukunft ist ein entscheidender Schritt in jeder Beziehung, insbesondere in einer komplexen Konstellation wie der von Johanna, Simon und Clara. Eine klare Vorstellung davon, wo die Reise hingehen soll, kann helfen, Unsicherheiten zu minimieren und das Gefühl der Verbundenheit zu stärken. In diesem Kontext ist es wichtig, dass alle Beteiligten ihre individuellen Wünsche und Bedürfnisse artikulieren können.

Ein erster Schritt zur Entwicklung gemeinsamer Visionen besteht darin, regelmäßige Gespräche über die Zukunft zu führen. Diese Gespräche sollten nicht nur auf kurzfristige Ziele fokussiert sein, sondern auch langfristige Perspektiven umfassen. Fragen wie „Wo sehen wir uns in fünf Jahren?" oder „Welche Werte sind uns in unserer Beziehung wichtig?" können als Ausgangspunkt dienen. Solche Diskussionen fördern nicht nur das Verständnis füreinander, sondern helfen auch dabei, gemeinsame Träume zu formulieren.

Darüber hinaus ist es hilfreich, eine kreative Herangehensweise an diese Visionen zu wählen. Das Erstellen eines gemeinsamen Vision Boards kann eine inspirierende Methode sein. Hierbei sammeln alle Partner Bilder, Zitate oder Symbole, die ihre Vorstellungen von der Zukunft repräsentieren. Dieser visuelle Prozess fördert nicht nur den Austausch über persönliche Wünsche, sondern schafft auch ein greifbares Symbol für die gemeinsame Reise.

Ein weiterer Aspekt ist die Flexibilität innerhalb dieser Visionen. Beziehungen sind dynamisch und unterliegen ständigen Veränderungen; daher sollten die entwickelten Ziele regelmäßig überprüft und angepasst werden. Es ist wichtig zu akzeptieren, dass sich individuelle Bedürfnisse im Laufe der Zeit ändern können und dass dies Teil des Wachstumsprozesses ist.

Schließlich spielt Vertrauen eine zentrale Rolle bei der Verwirklichung gemeinsamer Visionen. Indem alle Partner offen über ihre Ängste und Hoffnungen sprechen können, wird ein Raum geschaffen, in dem sich jeder sicher fühlt. Dies stärkt nicht nur das Band zwischen den Partnern, sondern ermöglicht auch eine tiefere emotionale Verbindung – ein unverzichtbarer Bestandteil jeder erfolgreichen Beziehung.

14.2 Anpassungsfähigkeit an Veränderungen

Anpassungsfähigkeit ist ein zentraler Aspekt jeder langfristigen Beziehung, insbesondere in einer dynamischen Welt, in der sich Lebensumstände und persönliche Bedürfnisse ständig ändern können. Die Fähigkeit, flexibel auf Veränderungen zu reagieren, trägt entscheidend dazu bei, die Stabilität und das Wachstum einer Beziehung zu fördern. In diesem Kontext ist es wichtig, dass alle Partner nicht nur ihre eigenen Bedürfnisse erkennen, sondern auch die des anderen respektieren und darauf eingehen.

Ein Beispiel für Anpassungsfähigkeit könnte eine berufliche Veränderung eines Partners sein. Wenn beispielsweise Johanna eine neue Stelle in einer anderen Stadt annimmt, müssen Simon und Clara gemeinsam überlegen, wie sie mit dieser Situation umgehen wollen. Hierbei ist es entscheidend, offen über Ängste und Erwartungen zu sprechen. Solche Gespräche ermöglichen es den Partnern, Lösungen zu finden – sei es durch Fernbeziehungen oder durch einen Umzug – die für alle Beteiligten akzeptabel sind.

Darüber hinaus spielt Kommunikation eine Schlüsselrolle bei der Anpassungsfähigkeit. Regelmäßige Check-ins können helfen, frühzeitig Probleme oder Unzufriedenheiten zu identifizieren. Diese offenen Dialoge schaffen ein Gefühl der Sicherheit und des Vertrauens innerhalb der Beziehung. Wenn jeder Partner das Gefühl hat, gehört und verstanden zu werden, sind sie eher bereit, Kompromisse einzugehen und sich auf Veränderungen einzulassen.

Ein weiterer wichtiger Aspekt ist die Bereitschaft zur Selbstreflexion. Jeder Partner sollte regelmäßig seine eigenen Wünsche und Ziele hinterfragen sowie deren Einfluss auf die Beziehung analysieren. Diese Reflexion kann dazu führen, dass man erkennt: „Ich habe mich verändert" oder „Meine Prioritäten haben sich verschoben". Solche Einsichten sind essenziell für das Wachstum der Beziehung und helfen dabei, gemeinsame Visionen anzupassen.

Zusammenfassend lässt sich sagen, dass Anpassungsfähigkeit an Veränderungen nicht nur eine Reaktion auf äußere Umstände ist; sie erfordert auch proaktive Maßnahmen von allen Beteiligten. Indem Paare lernen, flexibel miteinander umzugehen und Herausforderungen als Chancen zur Weiterentwicklung zu betrachten, stärken sie nicht nur ihre Bindung zueinander sondern fördern auch ein gesundes Beziehungsumfeld.

14.3 Nachhaltigkeit in Beziehungen sichern

Die Sicherung der Nachhaltigkeit in Beziehungen ist ein entscheidender Aspekt, um langfristige Bindungen zu fördern und die emotionale Gesundheit aller Beteiligten zu gewährleisten. In einer Welt, die von ständigen Veränderungen geprägt ist, müssen Paare Strategien entwickeln, um ihre Beziehung nicht nur zu erhalten, sondern auch aktiv weiterzuentwickeln.

Ein zentraler Punkt zur Sicherung der Nachhaltigkeit ist die kontinuierliche Kommunikation. Offene und ehrliche Gespräche über Gefühle, Bedürfnisse und Erwartungen sind unerlässlich. Paare sollten regelmäßige „Beziehungsgespräche" einführen, in denen sie ihre Gedanken und Empfindungen austauschen können. Diese Dialoge helfen nicht nur dabei, Missverständnisse frühzeitig auszuräumen, sondern stärken auch das Vertrauen zwischen den Partnern.

Darüber hinaus spielt die gemeinsame Zielsetzung eine wichtige Rolle. Wenn beide Partner an einem Strang ziehen und gemeinsame Ziele definieren – sei es im beruflichen oder privaten Bereich – fördert dies das Gefühl der Zusammengehörigkeit. Es kann hilfreich sein, regelmäßig über Fortschritte zu reflektieren und gegebenenfalls Anpassungen vorzunehmen. Solche gemeinsamen Visionen schaffen eine solide Basis für die Zukunft.

- **Wertschätzung zeigen:** Kleine Gesten der Zuneigung und Anerkennung im Alltag tragen dazu bei, dass sich beide Partner geschätzt fühlen.
- **Krisen als Chance nutzen:** Herausforderungen sollten nicht als Bedrohung wahrgenommen werden; vielmehr können sie als Gelegenheiten zur Stärkung der Beziehung dienen.
- **Individuelle Entwicklung unterstützen:** Die Förderung persönlicher Interessen und Hobbys jedes Partners trägt zur Zufriedenheit bei und bereichert die Beziehung insgesamt.

Ein weiterer wichtiger Aspekt ist die Fähigkeit zur Konfliktlösung. Paare sollten lernen, konstruktiv mit Meinungsverschiedenheiten umzugehen. Anstatt Konflikte zu vermeiden oder eskalieren zu lassen, ist es wichtig, diese aktiv anzugehen und Lösungen zu finden, die für beide Seiten akzeptabel sind. Dies erfordert Geduld sowie Empathie und stärkt letztlich das Band zwischen den Partnern.

Zusammenfassend lässt sich sagen, dass nachhaltige Beziehungen auf einer soliden Grundlage aus Kommunikation, gemeinsamen Zielen und gegenseitiger Unterstützung beruhen. Indem Paare proaktiv an ihrer Beziehung arbeiten und Herausforderungen gemeinsam meistern, schaffen sie ein stabiles Umfeld für Wachstum und Zufriedenheit.

15
Unterstützungssysteme außerhalb der Beziehung

15.1 Freundschaften pflegen

Freundschaften sind ein essenzieller Bestandteil unseres Lebens und tragen maßgeblich zu unserem emotionalen Wohlbefinden bei. In einer Zeit, in der Beziehungen oft durch berufliche Verpflichtungen und persönliche Herausforderungen belastet werden, ist es wichtig, aktiv an der Pflege von Freundschaften zu arbeiten. Diese sozialen Bindungen bieten nicht nur Unterstützung, sondern auch eine Quelle der Freude und Inspiration.

Die Bedeutung von Freundschaften wird besonders deutlich, wenn man die Dynamik zwischen Johanna, Simon und Clara betrachtet. Während ihre Beziehung komplexer wurde, war es entscheidend für sie, auch außerhalb dieser Dreierbeziehung stabile Freundschaften aufrechtzuerhalten. Solche externen Unterstützungsnetzwerke können helfen, emotionale Spannungen abzubauen und Perspektiven zu erweitern.

Ein wichtiger Aspekt beim Pflegen von Freundschaften ist die regelmäßige Kommunikation. Dies kann durch einfache Gesten wie das Senden einer Nachricht oder das Planen eines gemeinsamen Treffens geschehen. Die Qualität der Interaktionen ist dabei entscheidend; tiefgehende Gespräche über persönliche Themen fördern das Vertrauen und die Verbundenheit unter Freunden.

- Gemeinsame Aktivitäten: Ob Sport, Kunst oder einfaches Beisammensein – gemeinsame Erlebnisse stärken die Bindung.
- Ehrlichkeit: Offene Gespräche über Gefühle und Bedürfnisse sind unerlässlich für eine gesunde Freundschaft.
- Unterstützung: In schwierigen Zeiten füreinander da zu sein, festigt die Beziehung und zeigt Wertschätzung.

Zudem sollten Freunde sich gegenseitig ermutigen, ihre individuellen Interessen zu verfolgen. Dies fördert nicht nur persönliches Wachstum, sondern bereichert auch die Freundschaft selbst. Wenn Johanna beispielsweise ihre Leidenschaft für Architektur mit Clara teilt oder Simon seine Fotografie mit anderen Freunden diskutiert, entstehen neue Dimensionen des Austauschs.

Letztlich ist es wichtig zu erkennen, dass Freundschaften dynamisch sind und sich im Laufe der Zeit verändern können. Es erfordert Engagement und Verständnis von beiden Seiten, um diese wertvollen Beziehungen lebendig zu halten. Indem Johanna und Simon aktiv an ihren Freundschaften arbeiten, schaffen sie einen stabilen Rückhalt in ihrem Leben – unabhängig von den Herausforderungen ihrer Dreierbeziehung.

15.2 Professionelle Hilfe in Anspruch nehmen

Die Inanspruchnahme professioneller Hilfe ist ein entscheidender Schritt, wenn persönliche oder zwischenmenschliche Herausforderungen über das hinausgehen, was im Freundes- und Familienkreis bewältigt werden kann. Oftmals sind es komplexe emotionale Probleme oder Beziehungskonflikte, die eine objektive Perspektive erfordern. Professionelle Unterstützung kann in Form von Psychotherapie, Beratung oder Coaching erfolgen und bietet den Betroffenen Werkzeuge zur Bewältigung ihrer Schwierigkeiten.

Ein zentraler Vorteil der professionellen Hilfe liegt in der Neutralität des Therapeuten oder Beraters. Diese Fachleute sind geschult, um unvoreingenommene Einsichten zu bieten und helfen dabei, Muster im Verhalten zu erkennen, die möglicherweise nicht offensichtlich sind. Beispielsweise könnte ein Paartherapeut einem Paar helfen, Kommunikationsbarrieren zu identifizieren und effektive Strategien zur Konfliktlösung zu entwickeln.

Darüber hinaus ermöglicht professionelle Hilfe den Klienten, ihre Gefühle in einem sicheren Raum auszudrücken. Dies ist besonders wichtig für Menschen, die Schwierigkeiten haben, ihre Emotionen mit Freunden oder Familie zu teilen. Ein Therapeut kann Techniken anbieten, um Stress abzubauen und emotionale Resilienz aufzubauen. So können Klienten lernen, wie sie besser mit Druck umgehen und gesunde Grenzen setzen können.

- Therapieformen: Es gibt verschiedene Ansätze wie kognitive Verhaltenstherapie (KVT), systemische Therapie oder humanistische Ansätze, die je nach Bedarf gewählt werden können.
- Coaching: Für Personen, die an persönlichen Zielen arbeiten möchten – sei es beruflich oder privat – kann Coaching eine wertvolle Unterstützung bieten.
- Krisenintervention: In akuten Krisensituationen ist es wichtig, schnell professionelle Hilfe in Anspruch zu nehmen, um weitere Eskalationen zu vermeiden.

Letztlich sollte der Schritt zur Inanspruchnahme professioneller Hilfe nicht als Zeichen von Schwäche betrachtet werden; vielmehr zeugt er von Mut und dem Wunsch nach persönlichem Wachstum. Indem Individuen diese Ressourcen nutzen, können sie nicht nur ihre aktuellen Herausforderungen bewältigen, sondern auch langfristig gesündere Beziehungen aufbauen und pflegen.

15.3 Netzwerke für polyamore Beziehungen

Netzwerke für polyamore Beziehungen spielen eine entscheidende Rolle bei der Unterstützung und dem Austausch von Erfahrungen unter Menschen, die mehrere romantische oder sexuelle Partnerschaften pflegen. Diese Netzwerke bieten nicht nur emotionale Unterstützung, sondern auch praktische Ressourcen, um die Herausforderungen zu bewältigen, die mit Polyamorie einhergehen. Sie fördern das Verständnis und die Akzeptanz von nicht-monogamen Lebensstilen in einer Gesellschaft, die oft noch stark mononormativ geprägt ist.

Ein zentrales Element dieser Netzwerke sind Online-Plattformen und soziale Medien, die es den Mitgliedern ermöglichen, sich auszutauschen und Informationen zu teilen. Foren und Gruppen auf Plattformen wie Facebook oder Reddit bieten einen Raum für Diskussionen über Themen wie Eifersucht, Kommunikation und Beziehungsdynamiken. Diese digitalen Räume sind besonders wertvoll für Menschen, die möglicherweise in ihrem persönlichen Umfeld keine Gleichgesinnten finden können.

Darüber hinaus gibt es lokale Gemeinschaften und Veranstaltungen wie Meetups oder Workshops, die speziell auf polyamore Menschen ausgerichtet sind. Solche Treffen fördern nicht nur den sozialen Kontakt, sondern bieten auch Gelegenheiten zur Weiterbildung über gesunde Beziehungspraktiken. Hier können Teilnehmer voneinander lernen und Strategien entwickeln, um ihre Beziehungen erfolgreich zu gestalten.

Ein weiterer wichtiger Aspekt ist der Zugang zu Ressourcen wie Büchern, Podcasts oder Webinaren über Polyamorie. Diese Materialien helfen dabei, das Wissen über verschiedene Beziehungsmodelle zu erweitern und bieten Werkzeuge zur Selbstreflexion sowie zur Verbesserung der Kommunikationsfähigkeiten innerhalb von Beziehungen.

Schließlich tragen diese Netzwerke dazu bei, Vorurteile abzubauen und ein größeres Bewusstsein für die Vielfalt menschlicher Beziehungen zu schaffen. Indem sie Sichtbarkeit verleihen und positive Beispiele präsentieren, können sie dazu beitragen, dass Polyamorie als legitimer Lebensstil anerkannt wird. Die Unterstützung durch solche Netzwerke kann entscheidend sein für das persönliche Wohlbefinden der Beteiligten sowie für das Gelingen ihrer Beziehungen.

16
Rückschläge und Neuanfänge

16.1 Umgang mit Krisen

Der Umgang mit Krisen ist ein zentraler Aspekt jeder Beziehung, insbesondere in komplexen Konstellationen wie der von Johanna, Simon und Clara. Krisen können unerwartet auftreten und die Dynamik einer Beziehung erheblich beeinflussen. In diesem Kontext ist es entscheidend, wie die Beteiligten auf Herausforderungen reagieren und welche Strategien sie entwickeln, um ihre Verbindung zu stärken.

Ein erster Schritt im Umgang mit Krisen besteht darin, offen über Gefühle und Ängste zu kommunizieren. In der beschriebenen Dreierbeziehung war es für Johanna, Simon und Clara wichtig, ihre Emotionen ehrlich auszudrücken. Diese Transparenz half ihnen nicht nur, Missverständnisse zu klären, sondern auch ein tieferes Verständnis füreinander zu entwickeln. Die Bereitschaft zur Kommunikation kann als Fundament dienen, auf dem Vertrauen aufgebaut wird.

Ein weiterer wichtiger Aspekt ist das Setzen von Grenzen. In Beziehungen mit mehreren Partnern kann es leicht zu Überforderungen kommen. Johanna und Simon mussten lernen, individuelle Bedürfnisse zu respektieren und gleichzeitig Raum für gemeinsame Erlebnisse zu schaffen. Das Definieren klarer Grenzen ermöglicht es den Partnern, sich sicherer zu fühlen und Eifersucht sowie Unsicherheiten besser zu managen.

- **Ehrliche Kommunikation:** Offene Gespräche über Gefühle sind essenziell.
- **Grenzen setzen:** Klare Absprachen helfen dabei, individuelle Bedürfnisse zu wahren.
- **Konstruktive Konfliktlösung:** Anstatt Konflikte zu vermeiden oder eskalieren zu lassen, sollten diese aktiv angegangen werden.

Krisen bieten auch die Möglichkeit zur persönlichen Weiterentwicklung. Durch die Auseinandersetzung mit Schwierigkeiten können Johanna, Simon und Clara nicht nur ihre Beziehung vertiefen, sondern auch individuelle Stärken entdecken. Diese Selbstreflexion fördert nicht nur das persönliche Wachstum jedes Einzelnen, sondern stärkt auch die Gemeinschaft zwischen den Partnern.

Letztlich zeigt sich im Umgang mit Krisen die Resilienz einer Beziehung. Indem sie lernen, Herausforderungen gemeinsam anzugehen und aus diesen Erfahrungen gestärkt hervorzugehen, können Johanna, Simon und Clara eine tiefere Verbindung aufbauen – eine Verbindung geprägt von Verständnis, Respekt und Liebe in all ihren Facetten.

16.2 Lernen aus Fehlern

Das Lernen aus Fehlern ist ein essenzieller Bestandteil jeder persönlichen und zwischenmenschlichen Entwicklung. In Beziehungen, insbesondere in komplexen Konstellationen wie der von Johanna, Simon und Clara, können Fehler nicht nur zu Konflikten führen, sondern auch wertvolle Lektionen bieten. Die Fähigkeit, aus diesen Erfahrungen zu lernen, kann die Resilienz einer Beziehung erheblich stärken.

Ein zentraler Aspekt des Lernens aus Fehlern ist die Reflexion. Nach einem Missverständnis oder einem Streit ist es wichtig, innezuhalten und die Situation zu analysieren. Was genau ist schiefgelaufen? Welche Emotionen wurden ausgelöst? Indem die Beteiligten diese Fragen ehrlich beantworten, können sie Muster erkennen und verstehen, wie ihre Handlungen das Zusammenspiel beeinflusst haben. Diese Selbstreflexion fördert nicht nur das individuelle Wachstum, sondern auch das Verständnis füreinander.

Ein weiterer wichtiger Punkt ist die Bereitschaft zur Verantwortung. In der beschriebenen Dreierbeziehung mussten Johanna, Simon und Clara lernen, Verantwortung für ihre eigenen Fehler zu übernehmen. Anstatt Schuldzuweisungen vorzunehmen oder sich in Ausreden zu verlieren, war es entscheidend, dass jeder Partner seine Rolle im Konflikt anerkennt. Diese Haltung schafft eine Atmosphäre des Vertrauens und der Offenheit, in der alle Beteiligten bereit sind, an sich selbst zu arbeiten.

Zusätzlich spielt Kommunikation eine Schlüsselrolle beim Lernen aus Fehlern. Offene Gespräche über Erlebnisse und Empfindungen ermöglichen es den Partnern, Missverständnisse auszuräumen und gemeinsam Lösungen zu finden. Wenn Johanna beispielsweise einen Fehler macht oder etwas sagt, was Simon verletzt hat, sollte sie bereit sein zuzuhören und seine Perspektive ernst zu nehmen. Solche Dialoge fördern nicht nur das Verständnis füreinander; sie helfen auch dabei, ähnliche Situationen in Zukunft besser zu bewältigen.

Letztlich zeigt sich im Prozess des Lernens aus Fehlern die Fähigkeit einer Beziehung zur Weiterentwicklung. Indem Johanna, Simon und Clara ihre Herausforderungen als Chancen begreifen und aktiv daran arbeiten, können sie nicht nur ihre Bindung vertiefen sondern auch als Individuen wachsen. So wird jede Krise nicht nur als Rückschlag wahrgenommen sondern als Sprungbrett für neue Erkenntnisse und stärkere Verbindungen.

16.3 Stärkung des Zusammenhalts

Die Stärkung des Zusammenhalts ist ein entscheidender Faktor für das Gelingen von Beziehungen, insbesondere in komplexen Konstellationen wie der von Johanna, Simon und Clara. In Zeiten von Rückschlägen und Herausforderungen kann der Zusammenhalt nicht nur als Puffer fungieren, sondern auch als Katalysator für persönliches und gemeinsames Wachstum.

Ein zentraler Aspekt zur Förderung des Zusammenhalts ist die Schaffung eines gemeinsamen Wertesystems. Wenn alle Beteiligten ähnliche Werte und Ziele teilen, wird es einfacher, Konflikte zu lösen und Missverständnisse zu vermeiden. Dies erfordert jedoch eine kontinuierliche Kommunikation über Erwartungen und Wünsche. Regelmäßige Gespräche über persönliche Bedürfnisse sowie gemeinsame Zukunftsvisionen können helfen, ein starkes Fundament zu legen.

Darüber hinaus spielt die emotionale Unterstützung eine wesentliche Rolle. In schwierigen Zeiten ist es wichtig, dass sich jeder Partner auf den anderen verlassen kann. Das bedeutet nicht nur, füreinander da zu sein, sondern auch aktiv zuzuhören und Empathie zu zeigen. Wenn Johanna beispielsweise mit einem persönlichen Problem kämpft, sollte Simon bereit sein, ihr zuzuhören und sie emotional zu unterstützen. Solche Gesten stärken das Gefühl der Verbundenheit und zeigen, dass man sich umeinander kümmert.

Ein weiterer wichtiger Punkt ist die gemeinsame Bewältigung von Herausforderungen. Indem Johanna, Simon und Clara ihre Probleme gemeinsam angehen – sei es durch Teamarbeit bei alltäglichen Aufgaben oder durch das Lösen größerer Konflikte – festigen sie ihren Zusammenhalt. Diese gemeinsamen Erfahrungen schaffen Erinnerungen und stärken das Band zwischen den Partnern.

Schließlich sollten Rituale oder regelmäßige Aktivitäten eingeführt werden, die den Zusammenhalt fördern. Ob es sich um wöchentliche Spieleabende oder monatliche Ausflüge handelt – solche gemeinsamen Erlebnisse tragen dazu bei, positive Emotionen zu erzeugen und die Beziehung lebendig zu halten. Durch diese bewussten Anstrengungen wird der Zusammenhalt nicht nur gestärkt; er wird auch zum integralen Bestandteil der Beziehung.

17
Reflexion über die Reise

17.1 Erkenntnisse aus Erfahrungen

Die Reise von Johanna, Simon und Clara ist nicht nur eine Erzählung über Liebe und Beziehungen, sondern auch ein tiefgehendes Studium der menschlichen Emotionen und der Komplexität zwischenmenschlicher Verbindungen. Die Erfahrungen, die sie gemacht haben, bieten wertvolle Erkenntnisse über die Natur von Beziehungen, insbesondere in unkonventionellen Konstellationen.

Ein zentrales Element ihrer Erfahrung ist die Bedeutung von **offener Kommunikation**. In einer Dreierbeziehung sind Missverständnisse und unausgesprochene Erwartungen häufige Stolpersteine. Johanna, Simon und Clara mussten lernen, ihre Gefühle ehrlich zu artikulieren. Diese Fähigkeit zur offenen Kommunikation half ihnen nicht nur dabei, Konflikte zu lösen, sondern förderte auch ein tieferes Verständnis füreinander. Sie erkannten, dass es wichtig war, regelmäßig innezuhalten und ihre Bedürfnisse sowie Ängste auszutauschen.

Ein weiterer wichtiger Aspekt ist das **Management von Eifersucht**. Eifersucht kann in jeder Beziehung auftreten, wird jedoch in einer Dreiecksbeziehung oft verstärkt wahrgenommen. Simon fühlte sich ausgeschlossen, als Johanna und Clara intensive Momente teilten. Anstatt diese Gefühle zu unterdrücken oder zu verleugnen, lernten sie alle drei, Eifersucht als natürlichen Teil ihrer Dynamik anzunehmen. Durch das Teilen dieser Empfindungen konnten sie gemeinsam Strategien entwickeln, um damit umzugehen – sei es durch mehr gemeinsame Zeit oder durch individuelle Auszeiten.

Zusätzlich zeigt ihre Geschichte die Notwendigkeit der **Selbstreflexion**. Jeder Partner musste sich mit seinen eigenen Unsicherheiten auseinandersetzen. Johanna stellte fest, dass ihr Wert nicht allein durch ihre Rolle als Ehefrau definiert wurde; Simon erkannte seine emotionalen Bedürfnisse besser; und Clara lernte den Wert von Stabilität innerhalb ihrer Freiheit kennen. Diese Selbstreflexion führte zu persönlichem Wachstum und stärkte letztlich die Bindung zwischen ihnen.

Abschließend lässt sich sagen, dass die Erfahrungen von Johanna, Simon und Clara eine wertvolle Lektion über die Flexibilität der Liebe vermitteln. Ihre Reise lehrt uns nicht nur über die Herausforderungen unkonventioneller Beziehungen, sondern auch darüber, wie wichtig es ist, anpassungsfähig zu sein und kontinuierlich an sich selbst sowie an den Beziehungen zu arbeiten.

17.2 Wachstum durch Herausforderungen

Die Reise von Johanna, Simon und Clara verdeutlicht eindrucksvoll, wie Herausforderungen nicht nur Hindernisse darstellen, sondern auch als Katalysatoren für persönliches und gemeinsames Wachstum fungieren können. In einer Dreierbeziehung sind die emotionalen Dynamiken komplexer, was bedeutet, dass jede Herausforderung eine Gelegenheit zur Weiterentwicklung bietet.

Ein zentrales Element des Wachstums ist die Fähigkeit zur **Resilienz**. Resilienz beschreibt die Fähigkeit, sich von Rückschlägen zu erholen und gestärkt aus schwierigen Situationen hervorzugehen. Johanna, Simon und Clara mussten lernen, mit den emotionalen Turbulenzen umzugehen, die ihre Beziehung begleiteten. Anstatt in der Eifersucht oder Unsicherheit zu verharren, entwickelten sie Strategien zur Bewältigung ihrer Ängste. Diese Resilienz führte nicht nur zu einem tieferen Verständnis füreinander, sondern stärkte auch das Vertrauen innerhalb der Gruppe.

Darüber hinaus spielt **Verletzlichkeit** eine entscheidende Rolle im Prozess des Wachstums. Indem sie sich gegenseitig ihre Ängste und Unsicherheiten offenbarten, schufen sie einen Raum für ehrliche Gespräche. Diese Verletzlichkeit förderte nicht nur das emotionale Band zwischen ihnen, sondern ermöglichte es jedem Einzelnen auch, an seinen persönlichen Schwächen zu arbeiten. Clara beispielsweise lernte durch den Austausch über ihre Ängste bezüglich der Stabilität in der Beziehung, dass es in Ordnung ist, Unterstützung zu suchen und anzunehmen.

Ein weiterer Aspekt des Wachstums durch Herausforderungen ist die **Entwicklung von Empathie**. Die Auseinandersetzung mit den eigenen Emotionen und denen der Partner fördert ein tiefes Verständnis für unterschiedliche Perspektiven. Simon erkannte zum Beispiel während eines Konflikts über Zeitmanagement in der Beziehung die Bedürfnisse sowohl von Johanna als auch von Clara besser. Diese Erkenntnis half ihm nicht nur dabei, seine eigenen Bedürfnisse klarer zu kommunizieren, sondern auch empathischer auf die seiner Partnerinnen einzugehen.

Zusammenfassend lässt sich sagen, dass Herausforderungen in Beziehungen wie bei Johanna, Simon und Clara nicht nur unvermeidlich sind; sie sind essenziell für das persönliche Wachstum jedes Einzelnen sowie für die Stärkung der gemeinsamen Bindung. Durch Resilienz, Verletzlichkeit und Empathie haben sie gelernt, dass wahres Wachstum oft aus den schwierigsten Momenten entsteht.

17.3 Dankbarkeit für die gemeinsame Zeit

Die Reflexion über die gemeinsame Zeit von Johanna, Simon und Clara ist ein zentraler Aspekt ihrer Reise. Dankbarkeit spielt eine entscheidende Rolle in Beziehungen, insbesondere in einer komplexen Dreierkonstellation, wo Emotionen und Dynamiken oft intensiv sind. Diese Dankbarkeit ist nicht nur ein Gefühl, sondern auch eine aktive Praxis, die das Fundament für Vertrauen und Verbundenheit stärkt.

Ein wichtiger Punkt der Dankbarkeit ist die Anerkennung der kleinen Momente des Glücks. Oft sind es nicht die großen Ereignisse, die eine Beziehung prägen, sondern die alltäglichen Erlebnisse – sei es ein gemeinsames Lachen über einen Witz oder das Teilen eines ruhigen Abends zu Hause. Johanna, Simon und Clara haben gelernt, diese kleinen Augenblicke bewusst wahrzunehmen und wertzuschätzen. Diese Praxis fördert nicht nur das individuelle Wohlbefinden, sondern vertieft auch ihre Bindung zueinander.

Darüber hinaus hat sich gezeigt, dass Dankbarkeit als Katalysator für positive Veränderungen wirkt. Indem sie regelmäßig ihre Wertschätzung füreinander ausdrücken – sei es durch Worte oder kleine Gesten – schaffen sie eine Atmosphäre des Respekts und der Unterstützung. Clara beispielsweise begann nach einem Konflikt darüber nachzudenken, was sie an ihren Partnern schätzt. Diese Reflexion half ihr nicht nur dabei, ihre eigenen Emotionen besser zu verstehen, sondern führte auch zu einer Versöhnung mit Simon und Johanna.

Ein weiterer Aspekt der Dankbarkeit ist die Fähigkeit zur Vergebung. In jeder Beziehung gibt es Missverständnisse und Verletzungen; jedoch ermöglicht eine dankbare Haltung den Beteiligten, diese Herausforderungen als Teil ihres gemeinsamen Wachstums zu betrachten. Wenn Johanna zum Beispiel auf einen Streit zurückblickt und erkennt, wie viel sie aus dieser Erfahrung gelernt hat, kann sie leichter vergeben und weiterziehen.

Zusammenfassend lässt sich sagen, dass Dankbarkeit für die gemeinsame Zeit nicht nur ein emotionales Element darstellt; sie ist ein aktiver Prozess des Schaffens von Nähe und Verständnis innerhalb der Beziehung von Johanna, Simon und Clara. Durch das bewusste Praktizieren von Dankbarkeit stärken sie ihre Verbindung zueinander und fördern ein harmonisches Miteinander.

18
Fazit – Eine neue Form der Liebe

18.1 Definition von Liebe im Wandel

Die Definition von Liebe hat sich im Laufe der Zeit erheblich gewandelt, beeinflusst durch gesellschaftliche, kulturelle und technologische Veränderungen. In der Vergangenheit wurde Liebe oft als eine monogame, romantische Verbindung zwischen zwei Personen verstanden, die auf traditionellen Werten wie Treue und Hingabe basierte. Heute hingegen wird Liebe zunehmend in einem breiteren Spektrum betrachtet, das verschiedene Formen und Dynamiken umfasst.

Ein zentraler Aspekt des Wandels ist die Akzeptanz alternativer Beziehungsmodelle. Die Geschichte zeigt uns, dass polyamore Beziehungen oder offene Partnerschaften nicht neu sind; sie gewinnen jedoch an Sichtbarkeit und gesellschaftlicher Akzeptanz. Diese neuen Modelle fordern die klassischen Vorstellungen von Besitz und Exklusivität heraus und betonen stattdessen Werte wie Kommunikation, Transparenz und individuelle Freiheit.

Technologie spielt ebenfalls eine entscheidende Rolle bei der Neudefinition von Liebe. Online-Dating-Plattformen ermöglichen es Menschen, über geografische Grenzen hinweg zu kommunizieren und Beziehungen aufzubauen. Dies hat nicht nur den Zugang zu potenziellen Partnern erweitert, sondern auch neue Formen der Interaktion geschaffen – von virtuellen Dates bis hin zu langfristigen Fernbeziehungen. Die digitale Welt hat somit die Art und Weise verändert, wie wir uns verlieben und unsere Emotionen ausdrücken.

Darüber hinaus ist das Verständnis von Liebe heute oft inklusiver geworden. Fragen der Geschlechtsidentität und sexuellen Orientierung werden offener diskutiert, was dazu führt, dass mehr Menschen ihre Identität in ihren Liebesbeziehungen authentisch leben können. Diese Entwicklung fördert ein tieferes Verständnis für die Vielfalt menschlicher Erfahrungen in Bezug auf Intimität und Bindung.

Insgesamt zeigt sich, dass die Definition von Liebe einem ständigen Wandel unterliegt. Sie wird geprägt durch persönliche Erfahrungen sowie durch gesellschaftliche Strömungen, die immer wieder neue Perspektiven eröffnen. Der Weg zur Selbstverwirklichung innerhalb einer Beziehung erfordert Mut zur Veränderung und Offenheit für neue Möglichkeiten – Eigenschaften, die in der heutigen Zeit mehr denn je gefragt sind.

18.2 Ausblick auf zukünftige Entwicklungen

Die Zukunft der Liebe wird durch eine Vielzahl von Faktoren geprägt, die sowohl technologische als auch gesellschaftliche Dimensionen umfassen. In einer Welt, in der sich die sozialen Normen ständig weiterentwickeln, ist es entscheidend zu verstehen, wie diese Veränderungen die Art und Weise beeinflussen, wie wir Beziehungen eingehen und pflegen.

Ein wesentlicher Aspekt zukünftiger Entwicklungen ist die fortschreitende Digitalisierung. Die Nutzung von Künstlicher Intelligenz (KI) in Dating-Apps könnte beispielsweise dazu führen, dass Algorithmen nicht nur kompatible Partner vorschlagen, sondern auch tiefere Einblicke in emotionale Bedürfnisse und Beziehungsmuster bieten. Dies könnte den Nutzern helfen, bewusster Entscheidungen zu treffen und ihre Beziehungen gezielter zu gestalten.

Darüber hinaus wird erwartet, dass das Bewusstsein für psychische Gesundheit und emotionale Intelligenz in Beziehungen zunehmen wird. Paare könnten zunehmend Wert auf therapeutische Ansätze legen, um Konflikte konstruktiv zu lösen und eine tiefere Verbindung zueinander aufzubauen. Workshops zur Verbesserung der Kommunikationsfähigkeiten oder zur Förderung von Empathie könnten Teil des Beziehungsalltags werden.

Ein weiterer Trend ist die zunehmende Akzeptanz von Diversität in Liebesbeziehungen. Die Gesellschaft bewegt sich hin zu einem inklusiveren Verständnis von Liebe, das verschiedene Formen wie polyamore Beziehungen oder gleichgeschlechtliche Partnerschaften umfasst. Diese Entwicklung könnte dazu führen, dass mehr Menschen ermutigt werden, ihre authentischen Identitäten auszuleben und neue Beziehungsmodelle auszuprobieren.

Schließlich spielt auch die Globalisierung eine Rolle: Menschen aus unterschiedlichen Kulturen kommen immer häufiger zusammen. Dies kann sowohl bereichernd als auch herausfordernd sein; interkulturelle Beziehungen erfordern oft ein hohes Maß an Verständnis und Anpassungsfähigkeit. Zukünftige Generationen könnten daher verstärkt lernen müssen, kulturelle Unterschiede zu schätzen und Brücken zwischen verschiedenen Lebensweisen zu bauen.

- Insgesamt zeigt sich, dass die Zukunft der Liebe dynamisch und vielschichtig sein wird. Die Bereitschaft zur Anpassung an neue Gegebenheiten sowie das Streben nach persönlichem Wachstum innerhalb von Beziehungen werden entscheidend dafür sein, wie wir Liebe im 21.
- Jahrhundert erleben.

18.3 Die Bedeutung authentischer Beziehungen

Authentische Beziehungen sind das Fundament für ein erfülltes und glückliches Leben. Sie bieten nicht nur emotionale Unterstützung, sondern fördern auch persönliches Wachstum und Selbstverwirklichung. In einer Zeit, in der Oberflächlichkeit und digitale Interaktionen oft dominieren, wird die Suche nach echtem Verständnis und tiefen Verbindungen immer wichtiger.

Ein zentraler Aspekt authentischer Beziehungen ist die Fähigkeit zur offenen Kommunikation. Paare, die in der Lage sind, ihre Gedanken und Gefühle ehrlich auszudrücken, schaffen eine Atmosphäre des Vertrauens. Diese Offenheit ermöglicht es den Partnern, Konflikte konstruktiv zu lösen und Missverständnisse frühzeitig auszuräumen. Ein Beispiel hierfür ist das regelmäßige Führen von „Check-ins", bei denen beide Partner ihre Bedürfnisse und Sorgen ansprechen können.

Darüber hinaus spielt Empathie eine entscheidende Rolle in authentischen Beziehungen. Die Fähigkeit, sich in die Lage des anderen hineinzuversetzen, fördert nicht nur das Verständnis füreinander, sondern stärkt auch die emotionale Bindung. Studien zeigen, dass Paare mit hoher emotionaler Intelligenz besser in der Lage sind, Herausforderungen gemeinsam zu bewältigen und ihre Beziehung langfristig stabil zu halten.

Ein weiterer wichtiger Faktor ist die Akzeptanz der individuellen Unterschiede innerhalb einer Beziehung. Authentische Partnerschaften basieren auf dem Respekt vor den einzigartigen Eigenschaften jedes Einzelnen. Dies bedeutet nicht nur Toleranz gegenüber Schwächen oder Fehlern, sondern auch die Wertschätzung von Stärken und Talenten des Partners. Solche Beziehungen ermutigen beide Partner dazu, sie selbst zu sein und sich weiterzuentwickeln.

Schließlich tragen authentische Beziehungen zur psychischen Gesundheit bei. Menschen in stabilen und unterstützenden Partnerschaften berichten häufig von weniger Stress und höherem Wohlbefinden. Die emotionale Sicherheit, die aus einer solchen Verbindung resultiert, kann helfen, Ängste abzubauen und das allgemeine Lebensgefühl zu verbessern.

Insgesamt zeigt sich: Authentische Beziehungen sind mehr als nur romantische Verbindungen; sie sind essenziell für unser persönliches Wachstum sowie unsere mentale Gesundheit. In einer Welt voller Ablenkungen sollten wir uns bewusst um diese wertvollen Verbindungen bemühen.

Referenzen:
- Goleman, D. (1995). *Emotionale Intelligenz*. Hamburg: Rowohlt.
- Gottman, J. (1999). Die sieben Prinzipien für eine glückliche Ehe.
- Rosenberg, M. (2003). Gewaltfreie Kommunikation: Eine Sprache des Lebens.
- Seligman, M. E. P. (2011). Flourish: A Visionary New Understanding of Happiness and Well-being.
- Brown, B. (2010). Verletzlichkeit macht stark: Wie wir uns mit anderen verbinden.
- Klein, C. (2021). Kommunikation in Beziehungen: Grenzen setzen und respektieren. Ratgeber Verlag.
- Meyer, A. (2020). *Die Kunst der Kommunikation in Beziehungen*. Verlag für Beziehungsforschung.
- Schmidt, T. (2021). Soziale Akzeptanz von Dreierbeziehungen: Eine empirische Studie. Frankfurt: Gesellschaft für moderne Beziehungen.
- Klein, E. (2021). Die Kunst der Polyamorie: Strategien für ein erfülltes Liebesleben.
- Hoffmann, M. (2020). Die Psychologie der Eifersucht in polyamoren Beziehungen. Berlin: Verlag für Sozialwissenschaften.
- Siegler, D. J. (2012). Das Gehirn der Liebe: Wie Beziehungen unser Leben prägen.
- Müller, A. (2018). Konfliktlösung in Partnerschaften: Wege zu einer harmonischen Beziehung.
- Klein, R. (2019). Nachhaltigkeit in Beziehungen: Ein Leitfaden für Paare.
- Fischer, D. (2018). Eifersucht und Vertrauen: Ein Balanceakt in der Liebe. Liebesleben Journal.
- Müller, B. (2019). Individuelle Freiräume in Partnerschaften. Psychologie heute.

Die Kunst der Dreiecksbeziehung: Navigieren durch Herz und Verstand behandelt die komplexen Dynamiken einer Dreierbeziehung zwischen Johanna, Simon und Clara. Die Geschichte beginnt mit einem stabilen Fundament aus Vertrauen und Respekt in der Ehe von Johanna und Simon, das jedoch durch das Eintreten von Clara, einer leidenschaftlichen Malerin, auf die Probe gestellt wird. Die anfängliche Freundschaft entwickelt sich schnell zu intensiven Gefühlen, was zur Entscheidung führt, eine offene Dreiecksbeziehung einzugehen.

Wichtige Themen des Buches sind die Herausforderungen und Chancen, die mit einer solchen Beziehung einhergehen. Während alle Beteiligten anfangs von neuen Inspirationen und emotionaler Nähe profitieren, treten bald Eifersucht und Unsicherheiten auf. Simon fühlt sich ausgeschlossen von den Momenten zwischen Johanna und Clara, während Johanna um ihren Wert als Partnerin kämpft. Clara hingegen steht vor dem Dilemma, beiden gerecht werden zu wollen.

Die Konflikte führen zu schmerzhaften Gesprächen über Bedürfnisse und Grenzen. Letztlich erkennen sie, dass Ehrlichkeit zu sich selbst entscheidend ist für das Überleben ihrer Liebe. Sie lernen, individuelle Räume für persönliche Bedürfnisse zu schaffen sowie gemeinsame Zeit für Intimität zu nutzen. Diese Erkenntnisse ermöglichen es ihnen, konstruktiv mit Eifersucht umzugehen und ihre Verbindung authentischer zu gestalten.

Insgesamt zeigt das Buch die ständige Suche nach Balance zwischen Freiheit und Verpflichtung in einer unkonventionellen Beziehung auf und lädt dazu ein, Liebe neu zu definieren.

Verlag: BoD · Books on Demand GmbH, In de Tarpen 42,
22848 Norderstedt, bod@bod.de
Druck: Libri Plureos GmbH, Friedensallee 273,
22763 Hamburg
ISBN: 978-3-7693-5865-0